比尔·盖茨：数字经济

[韩] 洪必基 著
[韩] 李大烈 绘
王星星 译

经典经济学
轻松读

中国科学技术出版社
·北京·

Digital Economy by Bill Gates
©2022 Jaeum & Moeum Publishing Co.,LTD.
자음과모음
Devised and produced by Jaeum & Moeum Publishing Co.,LTD., 325-20,
Hoedong-gil, Paju-si, Gyeonggi-do, 10881 Republic of Korea
Chinese Simplified Character rights arranged through Media Solutions Ltd Tokyo
Japan email:info@mediasolutions.jp in conjunction with CCA Beijing China
北京市版权局著作权合同登记 图字：01-2022-6218。

图书在版编目（CIP）数据

比尔·盖茨：数字经济 /（韩）洪必基著；（韩）李大烈绘；王星星译 . -- 北京：中国科学技术出版社，2023.5

ISBN 978-7-5046-9951-0

Ⅰ . ①比… Ⅱ . ①洪… ②李… ③王… Ⅲ . ①信息经济—通俗读物 Ⅳ . ① F49-49

中国国家版本馆 CIP 数据核字（2023）第 037572 号

策划编辑	申永刚	封面设计	创研设
责任编辑	孙倩倩	责任校对	邓雪梅
版式设计	蚂蚁设计	责任印制	李晓霖

出　　版	中国科学技术出版社
发　　行	中国科学技术出版社有限公司发行部
地　　址	北京市海淀区中关村南大街 16 号
邮　　编	100081
发行电话	010-62173865
传　　真	010-62173081
网　　址	http://www.cspbooks.com.cn

开　　本	787mm×1092mm　1/32
字　　数	61 千字
印　　张	6
版　　次	2023 年 5 月第 1 版
印　　次	2023 年 5 月第 1 次印刷
印　　刷	大厂回族自治县彩虹印刷有限公司
书　　号	ISBN 978-7-5046-9951-0 / F·1113
定　　价	59.00 元

（凡购买本社图书，如有缺页、倒页、脱页者，本社发行部负责调换）

序言

　　曾经我们看着黑白电视，为了打公用电话去换硬币，数字化给那个年代带来无限期待的同时，也让人们陷入不安。未来的变化会让人们的生活更加舒适便利，但也意味着人们必须告别过去。

　　在世界经济史中，韩国的经济发展算是较快的。但韩国的经济模式和韩国人的思维方式没能赶上经济的发展速度，韩国也因此经历了金融危机。数字技术出现后,韩国高喊着"工业化中我们落后了,信息化我们要走在前列",经过了诸多努力,韩国的数字经济发展迅速。

随着数字社会和数字经济越来越成熟,人们需要重新审视韩国金融危机的血泪教训。一味沉迷于经济增速,忽视内部整顿,只顾埋头前行,结果教训惨痛,数字时代不应该忘记这些过往。

凭借着在农业社会中培养的勤勉诚实的品质,韩国人能够又快又好地制造出产品,由此在工业社会中取得了成功,韩国又在这些基础之上发展起数字经济。制造优秀产品的技术是在工业社会中磨炼出来的,韩国人有信心能做得更好。

数字变革改变了所有事物。韩国拥有良

好的制造工艺，现在要思考的应该是制造什么——要做出他人想象不到的，并且不一定是肉眼可见的东西。工业社会的制造者拥有超高的制造水平，现在正等待着年轻人告诉他们某些东西。新产品、好听的音乐、有趣的电影、妙趣横生的游戏，各位年轻人可以告诉他们的事情是无限的。但若制造者缺乏对数学、科学、哲学等关于自然和人类的根源性的理解，恐怕很难实现。数字技术和产品越来越庞杂，如果个人的思维方式以及社会的经济模式不能提升到与之相应的水平，难免会出现"数字暂停"（Digital Moratorium）。

曾经人们面对面、手牵手地生活，如今能通过一根手指和屏幕来分享彼此的想法。感知变化、积极准备是生存和繁荣的必备能力，数字时代下，所有有机体都需要具备这样的能力。父辈用奉献和牺牲换来了工业社会的坚固身躯，年轻人要在这一基础上增添上数字时代式的精神和内心。数字时代已经悄悄抹去20世纪的痕迹，等待着21世纪的创造者。希望大家创造一个自我与整体都适宜生存的温暖世界。

洪必基

独家访谈 | 比尔·盖茨

惜时如金

我是帮助大家学习经济知识的独家记者。今天我们邀请到的是比尔·盖茨先生,他创办了微软公司,引领着个人计算机(PC)软件和数字产业的发展。在上课之前,我们先对他进行一个简短的采访。

记者: 您好,一想到能采访您真是无比激

> **操作系统**
> 使计算机主体——硬件系统能够高效运行的系统软件程序。

动,请您先跟大家打个招呼吧。

盖茨: 大家好,我是今天趣味数字信息产业和数字经济课程的分享人比尔·盖茨。在大家的眼里,我应该是开发了 Windows 操作系统、检索信息用的 IE 浏览器[①],还有 Word 和 PowerPoint 等办公软件,并将它们普及全世界的人。

记者: 真是非常了不起啊!像您这样开拓新时代的企业家,父母或者周边人对您的影响一定很大吧。我们想听听您小时候的故事。

盖茨: 我是1955年在美国西雅图出生的,

---

① 微软公司于当地时间2022年6月15日(北京时间16日)宣布,停止对IE浏览器的所有支持和更新。——编者注

在那里度过了我的童年时光。我的父亲是律师，母亲是一名教师，我还有一个姐姐和一个妹妹，我们一家人很和睦。父母总是教导我们凡事要做到最好。母亲参加了很多志愿服务活动，也经常带着我参加学校和家附近的活动。我从小就觉得，帮着家里人把家里的事情处理得更有条理很有意思，也很喜欢国际象棋和大富翁这些游戏。

记者： 听说您的学习成绩很优秀，您是怎么做到的呢？还记不记得读哪个领域的书更多一些？

盖茨： 我小时候读了很多书。我记得当时自己特别爱读百科全书。因为书读得多，我的成绩也很好。有时候觉得学校里学的内容很无聊，感觉自己在学校里常常孤独一人。我10岁左右的时候，父母看到我的样子感到非常担心。

记者： 我能理解您父母的心情，那他们是怎么教导您的呢？

盖茨： 我先说一下我小时候的社会氛围。作为美国公民，在公立学校读书、成长，之后在某个领域取得成功是非常自豪的事情。就算父母再有钱也很少会把孩子送到私立学校，人们认为在公立学校读书并且取得成功是非常值得骄傲的事。我的父母也因为这样的想法把我送到了公立学校，但因为我在学校觉得课程内容很无趣，所以在我13岁的时候，他们把我转到了私立的湖滨中学。

记者： 原来如此啊。那在新学校的生活怎么样？有没有记忆非常深刻的事情？

盖茨： 我大部分科目成绩都很好，尤其是科学和数学。如果说新学校里有改变人生的契机的话，那就是正式接触了计算机。在新学校里可以使用公用计算机，虽然现在计算机很常见，但那个时候计算机还是稀缺的。我一有时间就去计算机室，完全沉浸在了编程当中。

记者： 您说自己在计算机上花费了很多时间，主要都是做些什么呢？

盖茨： 提起电脑可能很多人会想到游戏和互联网，但那个时候是没有游戏和互联网的。我感兴趣的是直接编写程序，各位想象着我是用计算机在试图做东西就可以了。通过编程让

计算机工作简直像魔法一样，我在其中找到了乐趣。

记者： 在您日常学习和使用计算机的过程中，有没有令您印象深刻的老师或者同学呢？

盖茨： 我跟同学们的关系都不错，那个时候我认识了保罗·艾伦（Paul Allen）学长，他比我高两级，对计算机很感兴趣而且很有热情。我们只要有时间就会一起编程，后来我们一起创办了微软公司，成了人生挚友。虽然看着不像，但其实我精力旺盛且好斗，而保罗·艾伦非常安静且害羞。我们有时候也会因为意见不一，激烈争吵，学校还因此给我们俩下达了禁止使用计算机的命令。但我们还是非常想使用计算机，所以就以帮忙找出学校计算机软件的错误为交换条件，再次得到了使用计算机的许可。当时学校的课表以及教职员工的工资计

> **保罗·艾伦**
> 和比尔·盖茨一同创办了微软公司的企业家，美国职业橄榄球大联盟西雅图海鹰队老板。

和比尔·盖茨一同创办微软的保罗·艾伦

算软件,都是我做出来的。

记者: 看来那个时期您不但对计算机有着很大的热情,还显现出了大企业家的气质。有没有与此相关的其他故事呢?

盖茨: 1970年,我跟艾伦一起开发了一款可以监测交通动向的软件,卖了2万美元。当时,2万美元不是个小数目。所以,我们两个人决定退学创办公司。

记者: 父母没反对吗?

盖茨: 当然是反对的。父母希望我能考上大学并学习法律,跟我父亲一样成为律师。所以,我参加的美国高中毕业生学术能力水平考试(SAT),1600分为满分,我考了1590分。当时，家人总是要提起这件事来夸奖我一番。哈哈！最终，我考上了哈佛大学法律专业。不过比起教室，我待在计算机房的时间更多。对于课堂内容，我大概听一下，考试也总是临时抱佛脚。之后在其他学校就读的艾伦辍学进了一家波士顿的公司，哈佛大学也在波士顿，我在1974年进了那家公司。

记者：您最终还是从哈佛大学辍学了啊！放弃了别人异常羡慕的学校，之后做了什么呢？

盖茨：正式跟艾伦一起创业、开发计算机操作系统后，我就从哈佛大学辍学了。父母因此对我非常失望。不过，我并不仅仅是因为喜欢计算机，编程做得好才进入这个领域的。还因为我当时确信未来会发生巨变，而我相信自己能推动这一变化。当时的大型计算机跟现在的计算机比起来相去甚远，但我和艾伦都觉得，个人计算机的时代一定会到来。

记者： 您的判断果然不同于常人，那我们聊一聊您创立微软公司的故事吧。

盖茨： 1975年，我和艾伦一起创办了微软公司。微软公司的名字源自表示小型计算机的"micro computer"和表示软件的"software"，我把两个单词合在一起，取了"微软"（Microsoft）这个名字，意指适用于个人计算机的软件开发公司，一年以后换成了"Microsoft"，并且使用至今。

记者： 创业以后，您在企业经营上有没有遇到困难呢？

盖茨： 怎么会没有困难呢？我们开发的BASIC程序，在当时使用计算机的人群中人气很高。这也导致了大量非法复制品的出现，我还为此写过公开信。如果非法复制猖獗，谁都不会去开发好的程序，因此我当时主张应对非法复制予以严惩。我在创业初期经历了各种波折，1978年，我23岁的时候成了微软公司的总经理。

记者： 您成为总经理以后是怎么经营公司的？给我们讲一讲公司成长过程吧。

盖茨： 我成了公司的总经理以后，所有的软件和程序我都要一一检查。计算机产品哪怕有一处出了问题，也会出现无法启动的情况，进而失去用户信任。也可以说做事彻底是公司的基本原则。说起公司的成长过程呢，当时国际商业机器公司（IBM）是行业领头羊，微软公司跟IBM之间的业务是非常重要的。IBM在大型计算机时代是强者，但随着个人计算机时代的到来，就产生了使用我们公司软件的想法。但是我们公司手上没有IBM研发的计算机软件，就从其他公司买了合适软件的使用权，给IBM交付，不仅只使用自己公司研发的产品来发展事业。购买非本公司开发的产品，签订独家合作的方式受到了很多人的批评。但无论如何，公司在那之后发展得很快。1981年我成了微软公司的董事长兼总经理，艾伦是副总经理，后来艾伦因病辞去了公司职务。

记者： 您取得的成绩经常被拿来和史蒂夫·乔布斯（Steve Jobs）相比较，关于苹果公司，您有没有印象深刻的事呢？

盖茨： 乔布斯跟我是同年出生，我们生活在同一个年代，他是一位了不起的人。苹果公司跟微软公司之间既有竞争也有合作，一起发展至今。苹果公司还邀请我们制作MAC电脑的系统软件，我觉得Windows用图形界面来启动电脑应该是我们跟苹果公司的合作成果之一。之前，我们将无数的命令直接投放到计算机当中，这对用户来说其实是很不方便的。虽然苹果公司批评我

苹果公司创始人史蒂夫·乔布斯

们使用了他们的技术，并表示将采取法律手段应对，但为了能让每个人都能轻松使用电脑，我们进行相应的研发是很有必要的。从这个层面来说，微软公司于1985年发售Windows操作系统在计算机历史上是非常重要的。

我们要让微软公司程序能应用在任何一台计算机上，苹果公司则是让苹果系统软件只在苹果电脑上使用，我觉得这是一种战略差异。大家是不是总说微软公司是开放型战略，苹果公司是封锁型战略？我们让Windows操作系统不断发展壮大，并且在1989年推出了集成Word、Excel、PPT的办公软件套装，也就是能和微软公司所有产品共同使用的"微软办公软件"（Microsoft Office），我们公司也因此更上一层楼。后来互联网问世，我们的反应虽说稍微慢了些，但IE浏览器现在依然是全世界使用范围最广的浏览器。

记者： 真是了不起啊！您在事业取得成功以后，于1994年创立了威廉·盖茨基金会，做了很多有益的事情吧？

盖茨： 是的，创立威廉·盖茨基金会，助力教育、世界医疗、低收入群体援助问题。随着微软公司股票公开发售，我赚了很多钱，2000年我把公司交给大学同学史蒂夫·鲍尔默（Steve Ballmer）以后，我就从一线退了下来，后来想进入无线技术和智能技术领域，还想着怎么能让钱花得更有意义。

我的前妻曾经是我们公司的管理层，我们一直很关心贫困阶层子女教育和世界医疗卫生问题。就像钢铁大王安德鲁·卡耐基（Andrew Carnegie）和石油大王约翰·洛克菲勒（John Rockefeller）说的那样，把财产用在可以帮助人类的地方。所以在2000年，我们捐赠了280亿美元，设立了以我和妻子名字命名的比尔及梅琳达·盖茨基金会，致力于慈善和人道主义事业。

记者： 您觉得人们成功的关键是什么？或者有没有想对年轻人说的话？

盖茨： 不要期待所有人都具备相同的条件，只有那些节约时间、奋发努力的人才能取得成功，成功是积极努力的结果，为此人们要严格要求自己。而且比起自己喜欢的事情，应该找到喜欢且能做好的事情，做出成果并且能说服对方。人生在世，好人品和好成绩同样重要。还要记得，挚友会让你的成功更长久。各位拥有的最大资产就是时间，希望各位惜时如金，成就梦想。

记者：听您讲了自己的人生和事业故事，我真是受益匪浅。我们今天的采访就到此为止，接下来正式进入本书内容。

目录

第一章 数字是何物 /1
何为数字 /3
网络系统经济的过往 /16
计算机和网络的发展 /25

第二章 数字经济的原理和特征 /31
工业革命和数字革命 /33
知识信息经济 /42
数字产消者 /45
数字产品的成本变化 /49
数字经济伦理 /57
网络效应 /60
决胜数字市场的方法 /61

第三章 数字经济中的个人、企业、政府 /71
企业数字化 /73
企业基本活动 /75
价值链中的数字环节 /76

供应商和客户管理 /82

商业解决方案 /85

协作与数字公民的集体智慧 /90

电子政府的作用 /98

扩展知识丨微笑曲线与专利、设计之战 /101

第四章　数字金融 /107

信息通信技术和金融机构的发展 /110

证券公司和股票市场 /115

保险产业数字化 /117

国际金融和金融风险国际化 /120

第五章　数字经济的未来和准备 /129

数字经济的演变 /131

创造性破坏和巧实力 /136

数字鸿沟和福利 /144

数字劳动市场 /146

智能经济和智能社会 /149

结语　最可怕的竞争者……/158

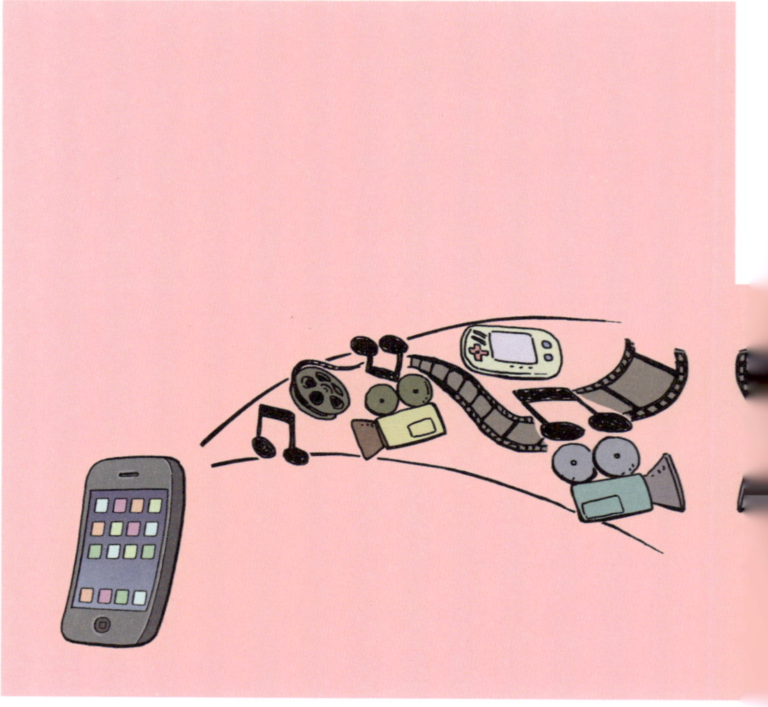

第一章

数字是何物

　　信息通信技术的发展给人们的生活带来了诸多变化，数字时代的经济也以不同以往的样态向前迈进。我们通过与模拟（analog）的对比来了解一下数字（digital）的特征。

何为数字

笔者在一部作品中,以商业运作最重要的要素为标准,将时代进行了划分。如果说20世纪80年代是"质量时代",90年代则是业务方式"创新时代",并且笔者预测21世纪将是"速度时代"。如今,不仅商业领域,所有领域都进入了速度至上的时代。人们无论在经商还是日常生活中,都"唯快不破",都力求更快、更准确地获取所需信息。特别是人们在商业中遇到的大部分问题，都归结为信息问题也毫不夸张。能使信息快速流转与传播的最重要技术，就是数字技术。数字技术使信息得以快速流动，使人们做事、赚钱的方法变得更多，也使企业经营的方式发生了变化。随着智能手机一类电子产品的产生，经济运行方式也发生了变化。如此一来，究竟何为"数字"？它又为人们的生活和经济带来了何种影响呢？

模拟和数字的区别

为表达事物和概念，人们会使用语言和文字，会使用声音、图像、表情和手势等。那么，对于时间、声音以及光的波长，人们该如何表达呢？

日晷是一种展示时间的仪器。随着太阳运

模拟时钟和数字时钟

动，日晷的影子会随着表盘转动，对应着时、分、秒等刻度。像这样将时间流本身作为一个不断变化的对象表现出来的方式，称为模拟。模拟源自"相似的"（analogue、analogy）一词。声音和时间都是不断变化的事物，"模拟"可以被看作人们将之用音频或视频表现出来的一种模式。如果这样理解起来仍有难度，和"数字"的概念进行对比，你更容易理解。

"数字"是一个将世间万物用0和1来表达展现的概念。换言之，将所有信息都用0和1

的信息体系来构成并传达。但是，时间之类的连续流，就很难用0和1的信号原原本本地还原展现。因为无论如何表达，即使缩小到数百万分之一秒，其数字间仍会有空隙。就如同无数的点可以看起来是以极小的缝隙连接起来，但仍然不同于一条直线。因为点与点之间无论如何连接总会有空白区域。

用另一个例子来说明这一概念。转动表针的模拟时钟不停转动，可以不留余白地展现时间。但数字形式的数字时钟上，数字之间则一定会有时间空白。换言之，"数字"化就是将连续的时间流分隔成非连续的展现方式。

此外，如果要表现动物的话，模拟能展现动物本身的模样，而数字则是用动物的大小、体重、颜色和固定编号等表现，是用大小和固定编号来还原事物原貌及其变化的方式。最初，数字原义为"用数字数"。很久以前，人们用手指来表现数字，因此，"数字"来源于拉丁语单词"手指"（digit、digitus）同时也意味着数字本身。

我们使用的是从0到9的十进制，位数超过9的话，其位置就上调一位。比如同样是3，如果在10的位置上就是30，在100的位置上就是300。而使用两个数字的二进制则是只用0和1来表示所有数字。

十进制数	二进制数
0	0
1	1
2	10
3	11
4	100
5	101
6	110
7	111

在十进制中，位数超过9的话，其位值就上调一位。但在二进制中，位数超过1，位值就上调一位。所以，把我们使用的十进制转换为二进制的话，结果如左图所示。

比特（bit）是二进制的最小单位。计算机记忆装置的所有信息都会转化为二进制进行储存，也就是将数字、文字、音频、图片、视频等所有信息都转成比特单位进行储存、传送、播放，这就是数字。如果说，以产品为中心的工业经济是基于物理上的最小单位原子的经济，那信息和知识数字经济，就是基于信息的最小单位比特的经济。

数字技术的发展和计算机有着莫大的关系。如前所述，计算机记忆装置将所有信号都转换成二进制，使用0和1来表达和记忆信息。我们通过计算机看到的各种信息就是由0和1组成的，不管是音频还是视频，都是将信号转化成了0和1。

到目前为止的说明，人们可以想象成做面

粉。人们收获小麦以后，将其直接储存保管的话，需要用小麦做食物的时候就会很麻烦，不仅浪费时间，而且储存和运输都很费事。但如果人们把小麦加工成面粉，会使得制作食物方便，运输也方便。把所有信息用0和1来表示的数字化（digitize）也是如此，就像人们把小麦加工成面粉，在需要的时候随时取用一样。将声音或电波用数字方式和模拟方式进行表示时，其不同之处可以参考下面的图表帮助理解。

> **数字化**
> 将小说、电影、音乐等原本存储于纸面、胶片和唱片中的内容转化为数字形态，这一过程被称为数字化。

下图中，模拟信号是信息用原本的形态予以展现的样态，数字信号是信息转换成0和1之后的样态。模拟就是将原本的信息用原形态进行发送，对象就是原本的样子，但实际上会

模拟信号

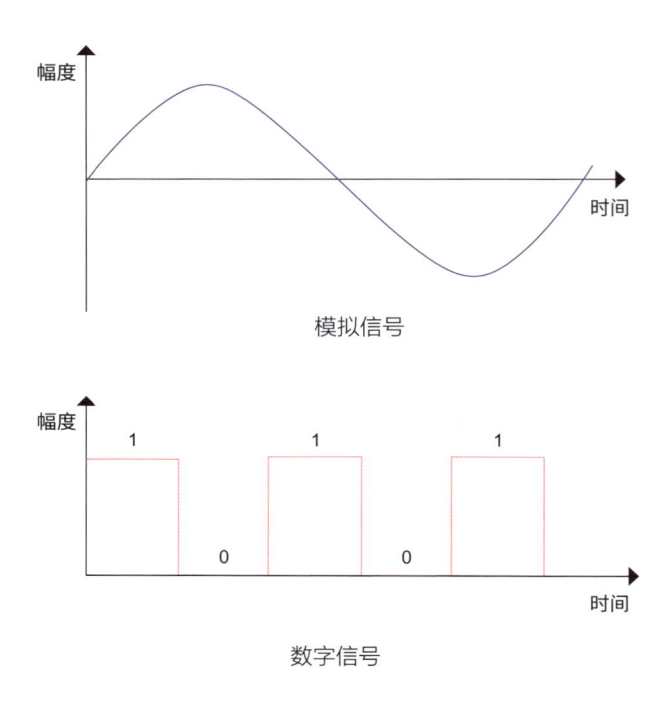

数字信号

受到外部影响。这是因为,在模拟信号复制和传送的过程中,原型会发生变化,且轻易就会被损坏,这也是模拟信号的缺点。

但用数字信号进行传输储存的话,就可以

解决这一问题。利用数字技术将所有信号都转化为0和1的数字信号，接收方再原原本本地进行复原。储存和发送音乐或电影文件时，发送的不是声音和电影画面，而是用0和1来表示的音乐和电影数字文件，接收后对其进行复原。所以，与模拟方式相比，数字化传递的信息更加干净、清晰。把模拟信号转化为数百万个数字信号后，虽然人们无法做到与原本的场景和声音完全相同，但几乎能实现再现，并且可以进行储存和发送。用磁带记录并储存唱歌场景的模拟方式，以及用文件来储存发送的数字方式，大家比较一下这两种方式，或许理解起来会更容易些。

数字信号在传送的过程中也能显现出优点。就像人们去旅行的时候，大家集体坐大巴

或者火车的话，就需要在规定时间内，按照规定集体行动。但如果把地点和时间明确告知大家的话，大家就会自行选择自驾、大巴、火车、出租车等多种方式，最终在目的地碰面。

与此类似，在发送电影或者音乐信息时，与一次性发送所有信息相比，分多次发送能避开通信网络拥堵，利用最快的通道到达目的地。只要接收信息的一方按照顺序将信息重组，就可以避开拥堵，利用空闲通信网络快速传递大量信息。因此，要想拆分信息并顺利重组，人们就需要使用可以轻松处理此过程的数字化方式。

随着信息量和通信网络的使用增加，能让信息信号可以轻易通过的宽信息通道的必要性就显现了出来。就像汽车多了以后，为了管理交通，人们就需要建设一般公路和高速公路一样。那么，信息量多了以后，人们就需要建设能处理超大量信息的信息高速公路。

近年来，很多国家开始着手建设高速信息通信网络，以实现随时随地传输这些用二进制数字呈现的信息。无论是音乐、电影、文件，任何信息被数字化处理后，都可以通过信息网络传递到世界任何地方。韩国属于信息高速公路建设步伐较快的国家，随着智能手机等新型信息通信设备增多，无线信息高速公路建设也正在加快步伐。

能够利用数字技术简易快速地处理和传递信息，正是依靠计算机的发展。把计算机连接在一起，实现信息交换的就是互联网。人们可能不知道隔壁邻居家发生了什么事，但对于各地发生的事却能够通过互联网随时获悉。处理和交换数字信息的计算机与通信网络已经融合在一起，没有进行区分的必要了。人们使用计算机或者智能手机发送信息、玩游戏时，对终端设备和通信网络进行区分已经没有意义了。

计算机的发展与被称为计算机大脑的半导体技术的发展有着非常大的关联。随着半导体性能越来越好,价格越降越低,传递信息的通信技术和设备,以及供信息流通的高速公路——高速信息电子网络也迅速发展普及起来。得益于无线技术的发展,人们在偏远岛屿或者深山之中也能随时实现信息交互。利用3D技术和智能手机可以如临现场般地观看体育赛事或演出,人类的任何想象都可以被展现出来,这就是当下的世界。应用计算机科学和通信技术,进而进行信息的储存、传送、加工一类的技术是信息技术,再加上通信技术的话,就是信息通信技术。广泛使用数字技术的信息通信技术给人们的生活和社会经济带来诸多变化,人们通常将其称为数字革命或者信息革命。

网络系统经济的过往

工业革命
是指18世纪60年代发生在英国的技术革新和由此引发的社会经济变革。纺纱机改良以后实现了工场手工业向机器大工业的转变,资本主义经济制度由此确立。

计算机能够轻易实现信息处理和储存后,世界也随之发生改变。在计算机和互联网以前,科学和技术也曾数次改变社会和经济。人们思考一下蒸汽机、电、汽车、飞机是如何改变世界的,就能理解其中的缘由了。工业革命之后世界通过特殊的网络系统连接在一起,人类的生活和经济变得更加多样化。在工业发展的各个阶段中,开拓出重要网络系统并加以使用的那些国家,引领了世界的发展。从网络系统视角来看,工业革命后的世界经济趋势大致可以分为五类。

第一类是运河网络系统。蒸汽机的发明是工业革命的开端,随着蒸汽机应用在船舶上,人们可以更快更远距离地运输物品。

> **运河**
> 为满足船舶运输和灌溉需要,人工开凿的通航河道。

当然,在这之前,像荷兰一样使用运河和海洋网络系统的国家,也获得了很大成功。在以前的时代中,这些国家对大航海给予了很多支持,但实现大规模的人员和货物流动还是在蒸汽船舶普及之后。这个时期,能造出好船并加以利用的国家走上了繁荣之路。供船只停泊及装卸货物的小码头和海港,成了商业和工业发展的中心。现在依然有很多世界性贸易港扮演着经济中心的角色。拥有运河网络系统的英国,掌握工业和贸易主导权也是理所应当的事。

第二类是铁路网络系统。之前,人们在陆地运输中主要使用马车。但能大规模运送人员和货物的火车出现后,巨大变革由此开始。火车被发明以后,制造火车及建造铁路成了一些国家的重要产业。曾经只能通过江河大海来运送的大宗货物,有了铁路之后,在内陆地区也能实现大宗运输。通过铁路网络系统建设产生了最大变化的国家是美国。在铁路刚刚普及的19世纪末,美国进行了西进运动,从东北部地区向西部地区扩张。铁路将美国的西部和东部经济连接起来,使美国经济形成一个整体。这也使得铁路车辆、轨距等道路规范、出发和停止信号等共同标准在美国各地得以实现。

美国将不同地区时间统一的契机也是在铁路的普及之后。铁路运行之前,各个地区因所

处时区不同，存在时差。东西向的铁路将美国内陆一分为二，两侧人处于不同时区时，给乘客和

瓦特蒸汽机

铁路运营方带来了很多不便。铁路公司和乘客都需要标准化的通用时间表。最终，美国将全国分为几个区段，各自制定标准时间，才让铁路运营方便起来。

与未改变时间段的南北纵断相比，改变了时间段的东西横亘线在时间标准化后为工业化带来了重大变革。随着铁路横穿大陆，人们自然而然地确立了美国标准时间。当时，制造火车和建设、运营铁路的铁路公司有着很大的影

响力。那些掌握了铁路技术、发展铁路网络系统的国家成了当时主导世界的国家。其中，较好地发挥了铁路作用的国家是美国，美国也是从这时开始成长为经济强国。

第三类是电力网络系统。所有的活动都需要能源，人类利用人力、家畜、水、太阳、风等自然力量开发出多种能源。随着电力技术的发展，人们可以生产出电力并供应到任何需要的地方。电力的普及给人类社会带来了巨大变化。

电力普及初期，各电力公司按照各自的电压供电，造成电压不统一、不方便且效率低。所以，当时构建起统一电力网络系统的国家走在了时代前列。随着电器消费增加，制造电器的美国通用电气公司成长为世界级大企业，那些把电力用好的国家则跻身工业国家行列。日本和韩国也是通过制造电子产品实现经济发展的。

第四类是公路和航空网络系统。公路和航空是伴随着发动机的发明和应用发展起来的，都是在战争中实现了发展和普及。虽然铁路在运输大宗货物和大量人员时很便利，但在运输小宗货物或者将人输送到不同地方时，效率就会降低。汽油发动机和汽车出现后，曾经的马车道开始扩张重建。大批量制造汽车并将其普及的美国福特汽车公司和美国通用汽车公司是当时的代表性企业。公路扩建让汽车产业进一步发展，也成了国家竞争力的象征。汽车和公路发达的国家无异于工业发达国家，具备汽车产业和公路网络系统的国家是当时的领头羊。

航空技术原本是应用于战争的，被应用于民用领域后，航空产业取得了长足发展。像美国波音公司这样的飞机制造公司和运送乘客及货物的航空公司开始在世界上崭露头角。

第五类是信息通信网络系统。信息通信网络系统可以分为电子通信网络和数字信息通信网络。电话利用电子信号传递声音就是电子通信，电话作为电子通信的象征，它的普及让人们的生活更加便利，企业能够在相距较远的办公室和厂房之间实现轻松管理。电话普及初期，电话网络系统是发达国家的象征。

之后，原来只能传递声音的电话开始能发送文字和视频，逐步发展为数字信息通信。声音、文字、图片、影像等被转化为数字信号后，都可以通过数字信息通信网络进行传送。无线技术的加入，对其发展更是大有助益。现在，数字信息通信网络已经成为衡量一个国家发达水平的重要条件。为了能更高效地使用铁路、电力、公路、港口系统，需要完备的信息通信网络。当下，人们在评价发达国家时，把铁路、电力、公路当作重要维度，更看重的是智能化程度和管理水平。为了让铁路、电力、公路等实现智能化,并且人们能轻松使用,数字技术和信息通信网络的构建就变得尤为重要。

人们把能大量传递声音、文字、视频的信息通信网络比喻为高速公路,将其称为信息高速公路。许多国家都是在拥有信息高速公路的基础上更进一步,研发在信息高速公路里通行的内容和应用程序。拥有信息高速公路是基本的,那些能够利用信息通信技术创收的公司和国家,已经占领了世界高地。苹果、谷歌、脸书[①]网就是通过新经济模式取得成功的典型数字企业。

---

① 脸书(Facebook)现已更名为元宇宙(Meta)。——编者注

计算机和网络的发展

数字时代，人们可以通过智能手机和互联网随时随地获取需要的信息。无线技术的发展让人们在需要时可以获取全球的信息、知识和服务。这种转变是随着个人计算机的普及正式开始的，而微软公司在这一过程中作出了很大的贡献。

当然，在此之前使用计算机已很普遍，用户将各自不同的语言输入计算机进行操作。直到 Windows 系统出现以后，人们就算不使用复杂代码，也能轻易地使用计算机。随着 Windows 系统的普及和微软公司制定的市场战略实施，计算机迅速大范围地普及起来。当时，由微软公司和硬件芯片制造公司英特尔公司组成的"wintel"联盟是最成功的案例。

之后,微软公司进入了通过接入互联网来搜索信息的浏览器市场,通过在 Windows 系统中嵌入 IE 浏览器的方式,自然地掌控了浏览器市场。虽然很多人批评微软公司没有研发新技术就拓展业务,但微软公司给世界造成的影响之大是毋庸置疑的。计算机实现网络连接以后,生产通信设备的公司也曾红极一时。

随着互联网在世界范围内普及,人们面对的问题不是信息不足,而是信息过剩,人们想知道能高效查找信息的方法,谷歌就在这时登场了。谷歌帮助人们找到有用的信息,并由此成为全球型大企业。在这一基础上更进一步的,就是让人们能随时对话的社交网络服务(SNS)提供商脸书,脸书也一跃成为全球型企业。乔布斯在世时领导的苹果，以固有设计、音乐、应用程序等内容为核心，将硬件和软件以及网络连接在一起，成为全球型大企业。

> **应用程序**
> 为执行特殊任务而研发的应用型程序。

韩国也是较早构建高速信息通信网，研发无线通信网和无线技术的国家，凭借这些技术走在了世界前列。韩国利用网络系统制造智能手机和各种数字产品的技术，也处于世界先进水平。但是，除了线上游戏，韩国内容产品、软件、应用程序领域竞争力较弱，需要在商业模型和软件领域中实现创新、倾注热情。

数字方式是用0和1表示所有事物。	信息通信技术的发展始于计算机和互联网的连接。

蒸汽机

透过网络系统,人们可以知晓世界经济趋势。

铁路

数字通信

电力

公路和航空

比尔·盖茨和微软公司为计算机普及作出了重要贡献。

个人计算机

互联网登场后,谷歌公司推出了信息检索服务。

哦,竟然是这样!

脸书公司等提供的社交网络服务,开启了全世界任意沟通的新时代。

数字世界

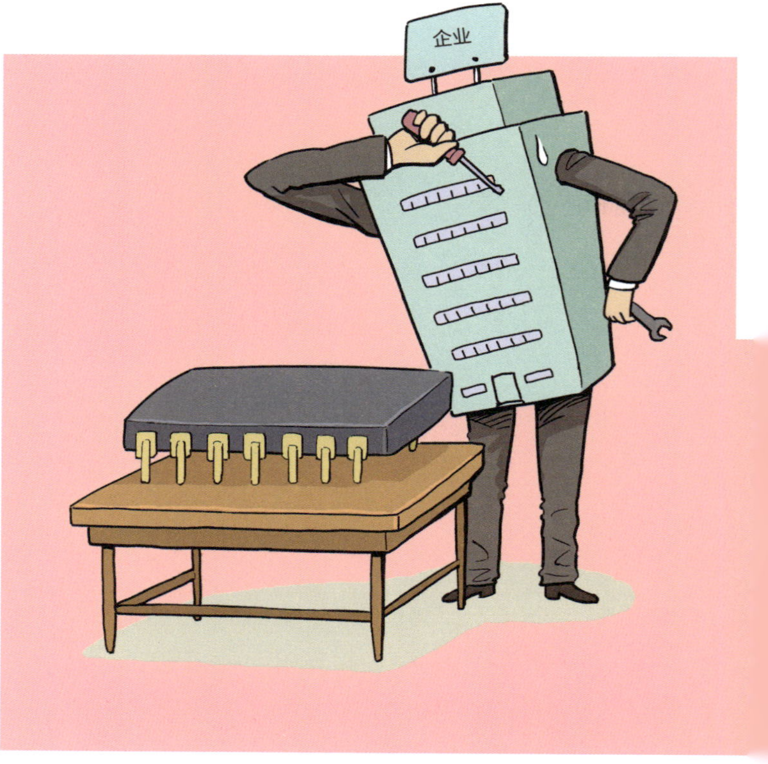
企业

第二章

数字经济的原理和特征

市场经济随着工业革命的脚步走向了全世界,现在世界又因数字革命经历着巨大变革。我们接下来要了解的是不断变化的数字经济的原理和主要特征。

工业革命和数字革命

除了自由市场经济,在社会主义经济中也能展现出工业经济和数字经济的特征。本书中提及的"经济"一般指"自由市场经济"。在自由市场经济中,消费者为了追求幸福,将自己拥有的劳动、土地、技术、知识等生产要素提供出去,把此过程中获得的收入进行消费或储蓄。企业通过生产产品、提供服务来获取利润。人们既可以是消费者,也可以是企业家。

资本、劳动、技术（知识信息）

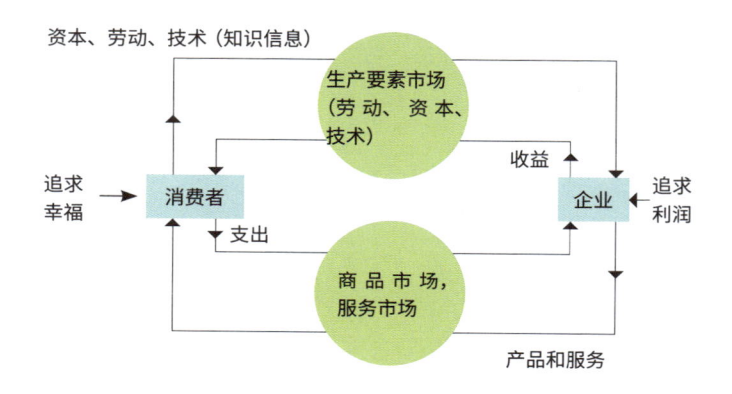

生产要素市场（劳动、资本、技术）

收益

追求幸福 → 消费者

支出

企业 ← 追求利润

商品市场，服务市场

产品和服务

自由市场经济的基本构造

所有活动都可以自由地通过市场来进行，这种经济模式被称为"自由市场经济"。

工业革命

纵观人类经济史，农业社会中人们通过生产农作物实现自给自足。大部分的农民既是农产品生产者，也是自己种植的农产品的消

费者，会将剩余的农产品用于和附近的人们进行交换。但农产品的保存非常

> 自给自足型经济是指社会内需要的产品不依赖于外部，内部自行生产或消费。

困难，加上交通不发达，人们很难进行大规模的交换。而即使实现了物物交换，市场规模也不大，没有生产多余产品的必要，因此农业技术水平低，产量也不高。并且，因为没有生产多余产品的必要，也没有发展出交易市场。生产效率低且市场规模小，经济很难获得较大发展。

原本以农业和手工业为主的人类经济，在18世纪60年代起以英国为中

> 在自给自足型社会中，机器承担了生产角色，工业社会以后则由企业承担了这一角色。

心产生了巨大技术变革，人们将其称为"工业革命"。人们使用机器将羊毛和棉花制成制衣

线后，生产能力大幅提升。蒸汽机的发明让大量生产成为可能，蒸汽船舶则可以进行远距离航海，拓宽了经济活动的范围。随着商品的大量生产和远距离运输，大宗商品销售也自然实现了。

产品实现大量生产，从经济角度来看，最大的变化就是生产单个产品所需的成本降低了。我们来举例看一下。如果我们自己购买配件组装汽车的话，成本会非常高昂。并且，原材料和机器也不可能按照仅生产一辆车的需求来少量购入。如果盖一个大工厂，每年生产数十万辆车的话，每辆车所需的平均成本就降低了。

> **平均成本**
> 生产单个商品时平均所需费用，用总生产成本除以商品总量的方法来计算。

大批量生产和销售使得企业能降低生产成本，

从而降低商品价格。商品价格降低之后，会有更多的人购买，市场规模就会扩大。大量生产、降低成本、迅速扩张的现象就是从英国开始的。英国制造的羊毛衣物在他国畅销之后，很多人开始投资创办公司，农民们也放弃种植农作物转而去养羊了。销售羊毛衣物得来的钱，可以用于进口国内稀缺的商品然后转售，这就产生了国际贸易公司。

频繁的经济活动增加了工作岗位，人们进而加大消费和投资，市场进一步扩大，最终工业化也更进一步。市场规模越来越大，工业化越来越发达之后，更多的人能够挣到钱。在大家都疲于奔命的社会中，小孩都要参加劳动，只有极少数的人可以接受教育。但随着经济发展，收入增加以后，人们开始有余力接受教育或享受文化生活。他们不再让孩子外出劳动，开始积极让孩子接受教育，国家也创办学校用于民众教育。要想在大型工厂参加集体劳动，在城市中共同生活，人们需要接受职业和市民教育。信息、教育、文化生活不再是少数人的专利，只要愿意，任何人都可以享受它们。工业革命导致社会经济层面产生了重大变革。

信息革命

同理，依托信息通信技术而发生的工业经济社会变革被称为"信息革命"。而信息革命是在数字技术发展的基础上实现的，因此也被称为"数字革命"。世界著名未来学家阿尔文·托夫勒（Alvin Toffler）把人类历史的变革喻为滚滚浪潮。他把农业社会称为第一次浪潮，工业社会是第二次浪潮,工业革命之后的社会就是第三次浪潮。第三次浪潮意味着知识信息社会或数字社会,是由工业经济向数字经济转变的浪潮。

农业经济强调粮食问题,工业经济强调人

们生活的便利程度，数字经济强调的是能使人们精神生活富足的信息和知识，以及文化艺术等。数字技术应用于信息和知识活动、文化艺术活动后，生产和交易方式也逐渐数字化。如今，人们可以随时随地接触最新的信息和知识，原本只能用CD和DVD欣赏的作品，现在可以利用无线技术随时欣赏，更可以利用互联网和智能手机实现产品生产和交易。

在处理业务和进行交易时，数字技术是必不可少的要素。购买物品时可以用智能手机直接实现交易，电视新闻有时候是出自人们用手机拍摄的内容。不仅是电视节目，就连选择总统候选人时，人们也可以通过手机参与舆论调查。数字技术改变了企业的经营方式，数字经济成长为不同于过去的新经济。且不说电脑，如果人们离开了智能手机和互联网，个人生活将经历很多不便，企业甚至会无法进行经营活动。

　　过去的经济是人们利用原材料制作产品、销售产品的工业经济。即使产品再好，要想卖出去也需要一定的销售场所，这意味着需要投入很多资本。因此，在过去人们即使有才能和创意，但若没有资本的话，便很难创建公司。如今，只要你有才能和创意，有知识和信息的话，赚钱就变得容易多了。过去，哪怕你歌唱得再好，如果不上电视，就无法展示出来。如今，用户创作的内容通过网络可以简单且迅速地被大家知晓。以前只能通过电视台和报纸传播的消息，现在可以通过智能手机或社交网络服务平台来进行传播。

利用技术将书籍、电影、音乐等储存成可供传播的数字格式的电子产品,人们将其称为数字产品。数字产品在数字经济中发挥着举足轻重的作用,它正式开启了数字经济。

要想理解数字经济,除了要知晓数字技术,理解数字化背景下的经济整体框架和经济活动方式的变化同样重要。数字技术是如何改变企业和消费者的,哪些类型的产品和服务在增加,哪些又在减少,知道这些对理解数字经济大有裨益。

知识信息经济

进入21世纪以后,人们经历了以科学技术发展为基础的工业社会,并由此走向以知识和信息为动力的新型社会。人们将其称为知识

社会（KBS）或知识经济（KBE）。在这一结构当中，人们在生活、工作的过程中生产－分配－消费信息

> 全球化时代既是信息化社会也是知识社会。在这样的社会形态下，应当对信息和以信息为基础的创新型知识和技术予以大力支持，让其免受时间和空间制约。

和知识的比重不断增加。个人和企业，乃至国家的成败，取决于怎样生产和利用知识与信息。知识和信息活动给人们带来了高回报，就像把某种疾病治愈率从99％提高到100％所需的知识是具有极大价值的一样。

计算机、互联网、智能手机仅仅是数字经济的部分象征。想要了解数字经济的特点，就要知道人们是如何挣钱、如何生活的。农业经济和工业经济在产品、能源、工具、所用知识和信息上相去甚远。过去，建筑公司和汽车公司的大部分职员都需要在现场工作，如今随着

研发和设计等知识型人才比重增加，知识产业化发展起来了。因此，人们为了增强竞争力，必须要成为利用知识工作的知识型工作者（knowledge worker）。

对某些事物进行观察测定得出的数字和信息为数据，将数据加以解释整理就成了数字信息，利用数据、信息、经验进行学习研究得来的见解就是知识。提供有价值的数据，将信息转换为知识的过程需要学习和训练。不仅个人需要学习，企业和政府等机构也需要学习。我们将那些通过不断学习来实现发展、适应环境的组织，称为学习型组织（learning organization）。在数字经济环境下，企业和政府想要持续发展壮大就要成为学习型组织，国家也要成为学习型国家。

当下，第四次工业革命已经开始。所有的事物都可以实现智能化，汽车一类的机械和家里所有的物品及装备，还有工厂、建筑、公路等，所有的事物都可连接在一起，实现智能化管理、服务，例如物联网。在智能信息社会中，人们通过收集、储存、管理、分析、利用信息来了解世界，创造新型服务。

数字产消者

与过去相比，数字经济下生产的产品及服务的种类和内容不同，生产、销售、消费的方式也不同。只有实现大批量生产，才能降低单个产品的生产成本，企业也需要努力实现大批量销售。为了卖出更多的产品，企业需要调查消费者喜欢什么，但结果往往都是不够精准的，企业通常会选择参照多数消费者的喜好来制造"平均产品"。这样的产品当然无法满足追求个性的消费者。

在数字经济之下，消费者向企业阐明自己的喜好就变得简单多了。只要能用好数字技术，企业就可以轻松掌握消费者的需求，满足挑剔的消费者也不在话下。利用数字技术，企业可以知道消费者在哪儿、喜欢什么、什么时候需要等。生产产品的时候，企业也可以利用数字技术来操控机器，以低廉的生产成本实现多品类小批量生产。

消费者的可选择范围不再仅仅局限于企业批量生产出来的几种产品，因为企业可以利用数字技术、根据消费者需求来定制产品、提供服务。当然，在过去如果消费者肯多付钱，企业也会满足消费者个性化的需求。而如今，消费者可以用低廉的价格提出个性化产品需求，企业若不能满足消费者，可能无法生存下去。

利用互联网和智能手机，消费者可以随时随地对产品和服务进行比较，即使是在与市场相距甚远的孤岛和小山村中，消费者也可以进行比价购买，企业间的竞争也因此更加激烈。而企业激烈竞争的结果就是消费者可以购入质优价廉的商品。因此，数字经济的特征就是：企业间竞争加剧，消费者可以参与产品生产过程且拥有更大的选择权。

例如，一些观众希望电视剧结局如自己所愿，或者在收看竞演类节目时为选手投票。这时，观众不仅是电视节目的消费者，也是生产者。在网上订购计算机的时候，消费者可以选

> **产消者**
> 合成词，指同时担任生产者和消费者的角色。

择自己喜欢的配置，公司会组装好以后送货上门。在选择旅游景点时，消费者会参考网络舆论。除此之外，消费者还能对企业的产品研发提出意见，于是消费者成了数字经济背景下参与生产过程的数字产消者（prosumer）。

得益于技术的发展，跨国公司可以不分时间和地点，不间断地开展工作。人们不仅可以在家里和办公室工作，在健身场所和飞机上也能工作。无论一款游戏原本是由哪个国家开发和运营的，玩家不仅可以享受游戏，还能随时增添自己的想法和创意。企业和消费者间的合作可以超越空间和时间的限制，自然地走向了国际化。

在这样的大环境下，不仅生产消费方式发生了变化，"共享"概念也发展起来。把空闲的房间租借给游客住，养育孩子的家庭之间共享玩具等事例正在增加。这种不直接拥有物品，很多人来共享使用的消费经济，我们将其称为"共享经济"。像支付一定费用定期订阅报纸一样，定期接受产品和服务的"订阅经济"也在增加。包括大家非常喜欢的各种游戏和软件，甚至是衣服和食品等，订阅经济会扩大到多样化的产业当中。

> 劳动者的工作时间和工作场所也产生了很多变化。不拘泥于固定的上下班时间，劳动者可以自行选择工作时间和工作场所。

数字产品的成本变化

促使工业经济向数字经济转变的重要经济因素就是成本。我们来了解一下能展现出工业经济和数字经济差异的数字产品成本问题。

工业经济下的产品成本

有的餐馆只销售2人份以上的餐食，有的餐馆在订餐量少时不予配送。订购1人份的餐食就算距离很近也不给配送，而若是订购100人份的餐食就算距离很远也能配送，这是为什么呢？

餐品制作到配送需要材料费、物业费、租金、配送费等。如果各位是餐馆经营者，需要对这些成本了如指掌。定价销售时，定价高于单个产品的生产成本才能做到不亏本。那有的朋友就会想，就算生产成本高一些，只要价格定得比生产成本高就可以了，但价格问题不是这么简单的。

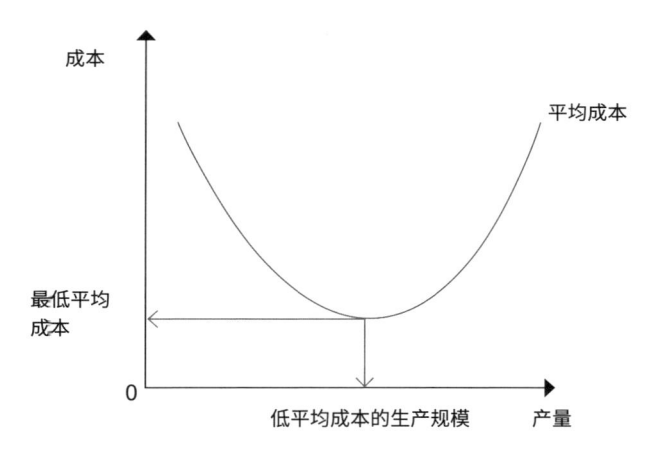

工业产品的平均成本

产品生产成本是可以通过自有技术和工人能力进行调控的，但产品价格却不是自己能决定的。如果同类产品比竞争对手的定价高，那产品很可能就卖不出去了。参与市场竞争的大部分公司，都是根据市场决定的价格上下浮动。所以，从公司的角度来看，自己制作产品的成本要低于市场价格才能有利可图。

为了不产生亏损,要确保制造单个产品的平均成本低于市场价格。平均成本就是总成本除以产品的个数计算出来的。最终,只有实现大批量生产,单个产品的成本才会降低。

举个例子,大家想一下汽车公司办工厂、买设备、雇用员工所产生的费用。因此汽车公司要想盈利必须保证定价大于生产成本,但是能购买价格昂贵的汽车的人并不多,如果不降低生产成本,企业很难发展壮大。为了汽车公司和汽车行业的发展,要努力降低生产成本和价格让更多的人买得起车。那如何降低每辆车的生产成本呢?最简单的方法就是增加生产数量,因为总体生产数量提高后每辆汽车的平均成本就降低了。生产成本降低以后汽车公司就可以下调定价，那样就会有更多的消费者购买汽车，行业就会发展。但是平均成本不是无限制下降的，到达某个点后又会随着产量的增加而增加。所以，企业要做的就是在平均成本最低点，选择效率最高的产量来进行生产。

汽车产业通过大量生产实现发展，国家经济也在此过程中实现增长，因为要想实现大批量生产来降低生产成本，就需要建造大的工厂。但是大批量生产出来的产品全部在本国销售是有困难的，出口的必要性就显现了出来。很多韩国企业为了进军海外而努力，政府也制定了一系列支援政策。出口让大批量销售成为可能，反过来企业又能通过大批量生产来降低生产成本，并且随着经验的积累，产品品质也会越来越好。

工业经济的普遍性特征就是大工厂和实地

公司，尤其是需要进行大批量生产的电子和汽车行业，这样的特征更加显著。

数字经济下的产品成本

数字技术应用于软件、游戏、电子书、音乐、电影的制作，那以上这些都可以叫数字产品吗？数字产品指的是其中那些可再生、复制费用低、内容转换简单的产品，传播费用低、运输费用少是它的显著特征。

大家都拍过团体照吧？在用胶片拍照的年代，人们需要把拍好的胶片送到照相馆，按照人头数冲洗好后，再一一分给大家。虽然依旧有人喜欢这样的方式，但这种方式确实费事又麻烦。

如今，大部分人都是用数码相机或者智能手机拍摄照片，再进行分享。在这种情况下，照片拍好以后马上可以用手机发送，上传到互联网以后任何人都可以下载。从时间和精力角度来看，节省了很多成本。

将声音、样态、颜色等以0和1的二进制编码数字方式来展现的产品，容易复制，且复制件和原件之间几乎没有差异。虽然普通产品也存在仿制品，但要做到完美模仿是很难的，而且费用昂贵。数字产品完成初次制作后，后续再生产就不需要太多费用了，生产得越多单个产品的生产成本就越低。数字产品既包括音乐这种用文件储存的单纯数字产品，也包括像智能手机一样融合了硬件和软件的混合产品。

工业经济中一般产品的平均成本曲线呈现U字形。但以文件形式储存的音乐和电影等数

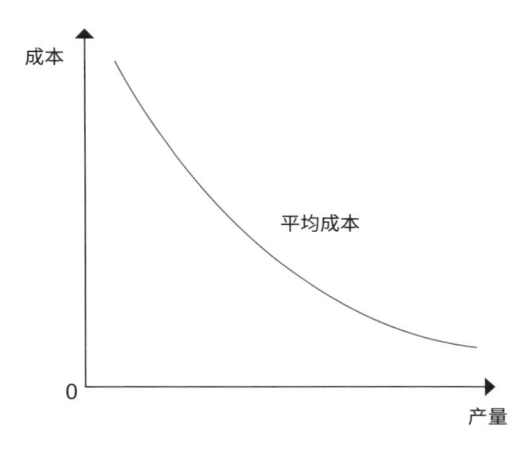

数字产品的平均成本

字产品几乎不存在后续生产费用,产量越高,平均成本越低。数字产品生产成本的典型特征就是产量越高,平均成本越低。

出于这种原因,数字经济中数字产品所占的比重逐渐升高。因为产品研发阶段虽然需要较大投入,但研发出新产品之后的生产成本相对较低，并且销量越多收益越大。电影的制作费不会因为观看人数的增加而增加。制作电影和游戏等数字产品的公司，之所以不断进行广告宣传，正是因为产品使用人数越多，平均成本越低。这样的成本特征不仅影响了企业和消费者，更影响了经济。因此，工业经济中的一般产品的平均成本曲线的特征也开始反映数字产品的平均成本特征。

数字经济伦理

假若一个人努力做的作业，可以被他人轻易复制修改的话，会发生什么事呢？如果只有第一个制作文件的人需要付费，复制的人不需要付费的话，不管是谁都会复制文件来使用。与此类似，复制他人作品也变得越来越简单。

复制的人当然知道这种行为是违法且不符合伦理的，之所以这么做正是因为数字产品复制成本低廉的特性。

首份数字产品的制作成本昂贵，但二次制作时成本就降低了。也正因如此，如果消费者和竞争公司不遵守经济伦理的话，市场就很难维持下去。当然，即使不是数字产品市场，如果没有经济伦理也很难有效维持，数字产品市场则更甚。

举例来说，如果汽车公司在研发新产品的过程中发生泄密，虽然会遭受一定的损失，但不会对其造成致命打击。因为新的产品创意不能决定汽车这一工业产品的全部。但电影、音乐、软件这类数字产品的情况却不尽相同。公司投资大量的时间和金钱做出来的音乐、电影、软件并不具备实体，创意决定了数字产品的全部。因此，如果在投入市场以前遭泄露的话，其价值已经损失大半。又或者，正规制作出来的数字产品能被任何人免费下载的话，音乐和电影等数字产品的制作公司投资的资金就很难回笼了。

如果费尽心力制作出来的数字产品能被随意复制使用的话，谁还会用心做好数字产品呢？数字企业通过制造数字产品进而销售的过程来回收成本、创造利润，但花费巨额投资开发出的数字产品被消费者非法复制的话，数字企业就无法获得利润，恐怕只能关门大吉了。并且，发生非法复制以后，数字企业就不会继续积极投资，最终会造成数字产业的整体衰退。消费者的选择余地也会相应变小，最终变成受损失的一方。

因此,韩国在法律上明确禁止人们对数字产品进行非法复制,也禁止制造仿冒品。但法律无法解决所有的问题,我们所有人都应当正确理解数字经济伦理并遵守它。

不遵守经济伦理会给企业和消费者甚至全体民众带来损害。经济伦理不完善的国家,即使有再好的创意也无法发展起数字产品产业,只能依赖于他国同类产品。为了文化艺术产业和知识信息产业这两大产业的未来发展,消费者应该支付合理对价进行消费。

网络效应

大部分产品的消费效用仅仅局限在个人,但与互联网和智能手机这种被群体网络所需要的产品和服务则不同。互联网通信和社交网络服务要在用户多的地方加入，其服务价值才更高，大家想一下这个例子就能理解了。与此类似，某一网络的使用者越多，用户所使用服务的价值也就越高，我们将其称为网络效应（network effect）。根植于网络的数字经济，网络效应作用更加显著，聚集更多的用户就变得非常重要。在这种情况下，创立时间更晚的公司即使有很好的服务，也很难聚集起更多用户。因为已经加入特定网络服务的用户不会轻易转向其他网络。那些适用网络效应的产品或服务企业，必须尽快创建网络、扩大规模。

决胜数字市场的方法

为了使利益最大化，公司应该生产多少

> **边际收益**
> 增加一单位产品的销售所增加的收益。
>
> **边际成本**
> 每一单位新增生产的产品带来的成本增量。

产品呢？原理其实很简单。如果边际收益大于边际成本，继续生产就能盈利。反之，如果边际成本大于边际收益，应当减少生产。对产量进行不断调整，直到边际收益和边际成本持平，这是最有效的计算产量的方法。当边际收益和边际成本相等时，就是既不盈利也不亏损的情况，经济学中认为此时的总利润最大。我们将其称为边际原则（marginal principle），这是近代经济学的核心原理之一。

但将边际原则应用于单纯数字产品市场的话会出现问题，为什么呢？大家都知道，像电影、音乐、软件等数字产品在初次制作时成本较高，但后续生产成本（也就是边际成本）非常低。数字产品的后续生产，如果简单来理解，人们可以想象成复制和下载，在这些过程中几乎不产生费用。那我们把这一情况套入边际原则来看一下。根据边际原则，应该把生产量定在边际成本和边际收益持平的点，但数字产品的边际成本几乎是0。音乐和电影类的数字产品在单纯复制或下载时，与原本的内容和品质没有差别，并且数字产品销售的方式也和工业产品不同。大家比较一下通过运输公司运送出的货品和互联网上下载的音乐，就能知晓二者的差别了。虽然音乐产品在过去也曾以CD的形式进行销售，但现在人们通过数字化形式可以随时随地传递声音、文字、视频。而且互联网是面向全世界的，信息和知识能以较低的成本实现生产、储存、传递。

> 公共物品是指国防、治安、公园、公路等很多人共同消费的物品和服务。属于社会必需物资，生产成本非常高，但因共享特性，自行生产困难，这也是政府承担公共物品生产的理由。

像这种几乎不需要边际成本的情况，理论上来说将边际成本设定为接近0是正确的。边际成本大多数情况下能决定产品的价格，但如果直接把边际原则适用于数字产品的话，那所有数字产品的价格都得设定为0，企业就无法盈利了。所以，边际原则虽适用于工业经济下的一般产品，却很难完全适用在数字产品上，大家理解了吗？

出于这种原因，人们能够推理出，如果数字经济完全套用传统市场原理，那从产品定价开始就会出现各种问题，最终会发生市场失灵。也就是市场机制不能发挥自身作用，有效经济活动出现问题。数字经济容易出现市场失灵还有另外一个原因。

食物被一个人消费之后，不能再被其他人消费，汽车和书也是同理。我支付了合理价格后消费的产品，别人也无法再消费。但路边的路灯和公园、国家国防设施等，即使不支付对价也能使用，并且不会因为他人使用对自己的使用效用产生影响，因此也无法阻止其他人使用。这类物品在经济学中被称为"公共物品"（public goods）。

出于公共物品的特殊性，生产此类物品的企业很难向消费者收取费用，于是企业很难通过生产和销售公共物品来赚钱，这种情况也称为市场失灵。所以，政府采用让公路和隧道建设公司收取通行费的方式来吸引民间资本，或者直接自行生产公共物品。

> 公共物品的特点是不需要支付费用就可进行使用，类似于免票乘车，会导致市场失灵。

互联网上的各种数字产品，实际产品数量只有一个却能让很多人共同使用，并且有些不用支付合理价格，从这一点来看和公共物品是相似的。如果所有人都能免费在公共土地上放牧的话，会发生什么后果呢？那些饲养家畜的人，会在公共草地被完全消耗掉以前进行随意使用。结果就是私有土地的草都长得很好，公有土地就逐渐荒废了。这一现象被称作"公地悲剧"，这也是市场失灵现象的一种。

如果不对优秀数字产品和创意的价值予以回报，那优秀产品就会不复出现，或者被无价值的产品取代，那样就会出现"数字公地悲剧"。因此，有必要从法律角度对数字产品制造企业给予保护。为此，政府要禁止非法下载，完善音乐和电影产品著作权保护的相关法律法规，积极开展民间教育活动等。

工业经济中的一般产品依批量生产体系生产！
数字产品利用技术实现多样化生产。
数字产品几乎不存在后续生产成本。
?!
数字产品
一般产品
所以消费者能通过非法下载轻易获取数字产品。
一晚上不睡觉，你在干什么？
70%
因此，正在开展音乐和电影著作权等数字产品保护及禁止非法下载的相关运动。
非法下载者被我逮到试试！
?!
著作权
为防止数字经济出现市场失灵，我们要严格遵守数字经济伦理！
数字经济伦理
对非法下载说“不”！
支持正版！

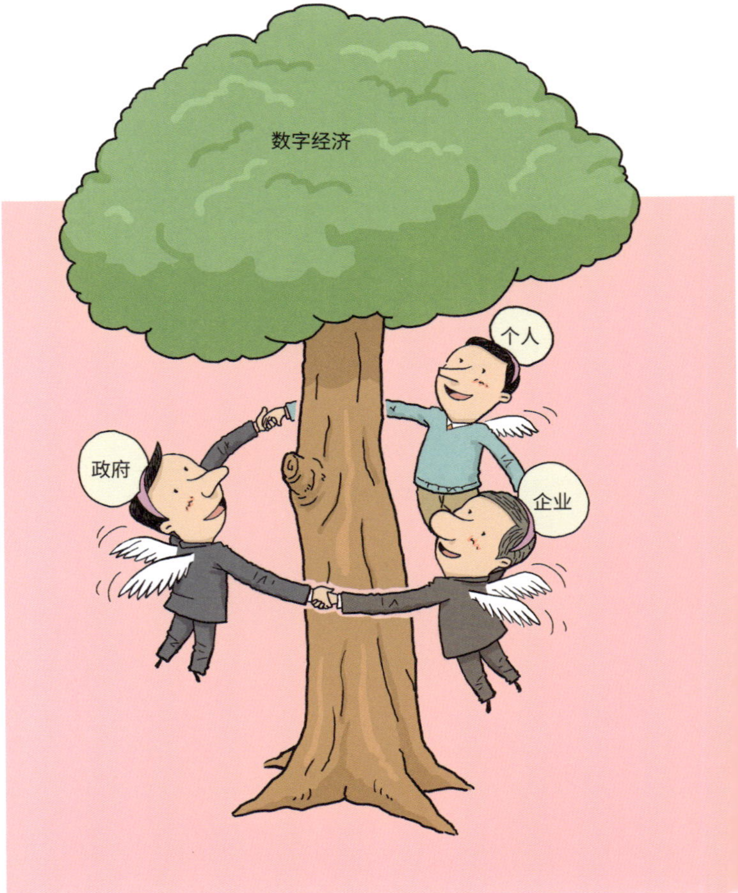
数字经济
个人
政府
企业

第三章

数字经济中的个人、企业、政府

国家经济要实现发展,需要个人、企业、政府的通力协作。个人和企业要对不断变化的数字经济环境做出应对,政府则应当完善法律法规,让个人和企业都能自由且安全地活动,并对其提供必要服务。

企业数字化

过去，只要努力工作就能取得一定的成就。但在数字经济中，聪明工作（work smart）远比努力工作更重要。不仅是企业，社会整体若想聪明工作，就要学会利用数字技术。

可以说，当下企业活动与信息活动息息相关。现在，不管是大型钢铁工厂还是汽车工厂，就连楼宇建筑工地也都实现了自动化，不再像过去一样需要很多人力。只要输入正确的信息，大部分的工作都能由机器来承担。相反，收集信息后加以分析、做出决策的业务与多样化的服务业变得更加重要了。

> **数字能力**
> 是指快速处理技术信息、产品信息、市场信息、金融信息的能力。

对以生产销售一般产品为主营业务的传统企业来说，数字能力变得愈发重要。有的企业，需要员工随时携带纸质资料，为了传达信息，还要每天开会。有的企业，用智能手机即时传递文件或信息，并快速进行处理。大家比较一下这两种企业，就能理解其中缘由了。企业数字化已经不仅是企业竞争力之一，更是企业生存的核心要素。那企业数字化是怎样实现的呢？我们来了解一下。

企业基本活动

企业为了盈利,需要向消费者提供价格低于竞争对手,且生产成本低的产品。即使企业投入了大量成本进行生产,但如果产品卖不出去,产品就是没有价值的。产品价值最终是由消费者来决定的。但消费者喜好的东西一直在变化,快速且准确地掌握信息影响着企业的成败。

消费者在认定产品价值时不会考虑生产企业投入的成本,只有他们觉得产品的价值大于购买价格时,购买产品才不会觉得心疼。因此,企业要想把自己的产品销售出去,就得让消费者觉得产品的价值大于价格。企业会通过提供产品信息进行广告宣传的方式,让消费者达成上述感受。说服消费者，提高自身产品价值的营销活动非常重要。以较低成本来生产和销售消费者喜爱的产品，关系到企业的管理能力。

价值链中的数字环节

把产生价值的企业活动聚合在一起，将其比喻为环环相扣的锁链，这就是价值链（value chain）。简单来说，价值链中包含的是企业能创造价值的主要活动。各家公司虽不同，但大部分企业的活动都可以用下图的价值链来表示。

处理信息和知识的信息技术与数字技术，已经成为企业生产过程中必不可少的要素。诚然，过去没有这些技术的时候，企业也能运

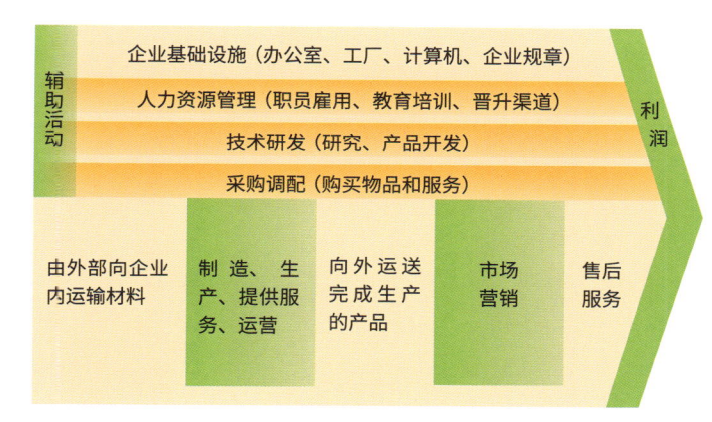

辅助活动	企业基础设施（办公室、工厂、计算机、企业规章）	利润
	人力资源管理（职员雇用、教育培训、晋升渠道）	
	技术研发（研究、产品开发）	
	采购调配（购买物品和服务）	

| 由外部向企业内运输材料 | 制造、生产、提供服务、运营 | 向外运送完成生产的产品 | 市场营销 | 售后服务 |

价值链

营，但为了买一个配件员工就要四处打电话，亲自去看了之后再付钱买回来，这样的过程需要耗费大量的时间、金钱、人力。雇用新员工的时候，也需要把履历、毕业证明、家属关系文件等全部打印准备好，并且要求新员工亲自去交。

公司的大部分业务都是通过文件来完成

的，文件就像是装满了信息的碗。过去，办公室里的大部分工作都是在处理这些装了信息的碗，但数字技术可以让人们把没用的碗挑出来，简易且快速地传递必要信息，这也让公司能更准确、更低成本地完成业务内容。无论是企业间的交易还是企业和消费者间的交易，利用数字技术都能够做到更便捷、更高效。

> 当下，企业通过数字经济向消费者售卖产品和服务。当下的市场不仅包括实际场所，也扩大到了网络虚拟场所，市场的作用已经不同于以往。

企业业务应当进行整合，以便信息技术与数字技术的应用。企业工作有很多相似部分，那些利用软件让企业业务处理更便利的公司，纷纷跃升为世界级大企业。在数字经济中蔚然成风的是那些制作企业软件的新型企业。

代表性的企业软件制作公司，包括德国思

爱普公司（SAP）和以数据管理软件著称的甲骨文公司（Oracle）。之所以需要企业软件，是因为知识信息是最重要的经济要素。就算是个人计算机软件领域的强者微软公司，在处理公司业务时也需要购买企业软件来使用。

为了以较低成本生产出消费者喜爱的产品和服务，各自努力虽然是必需的，但共同协作更重要。因此，能够将不同的想法和信息高效展现出来的方法很关键。如果大家共同努力的话，远比个人单打独斗更简单高效。但如果需要把所有的东西都写在纸上，每次有问题都打电话商量，还要在特定的时间和场所聚在一起工作的话，会耗费非常多的时间和金钱。

如果我们使用性能好的计算机和互联网来

处理信息，多人共同作业就方便多了。为了共享信息和知识，进行高效合作，人们一直努力寻找方法，其结果就是互联网的诞生。如果各位是企业家，肯定会希望将各部门负责的价值链环节整合起来，集全公司之力，生产出成本低质量优的产品。因为，若做不到人员整合，就无法向消费者提供价值。

这时需要的就是只在公司内部使用的互联网——内网（intranet）。使用内网进行分享和合作，能提高公司的整体效率。若企业能运用好数字技术来打造价值链，会获得更优发展。能改变企业的工作方式和价值链的，正是企业革新。通常，公司职员考虑更多的是自己的工作或者自己所属的部门，对公司整体考虑甚少。因此企业的重点工作之一就是整合价值链，让大家的工作着眼于公司整体。公司品质提高，指的不是某个特定部门，而是全公司层面的齐心协力。就好比一个家庭，不是每个家庭成员只买自己需要的物品，而是全家人一起分享，一起使用。企业资源计划（enterprise resource planning，ERP）软件就是从全公司角度来管理资源和活动，让价值链能充分发挥作用。

在做好现有工作的基础上更进一步，寻找能扩大收益的新商业模式，这也能通过数字技术来实现。苹果公司以 iTunes、iPod、iPhone、iFad、App Store（苹果应用程序商店）等产品为中心构建起独特的商业模式，成长为全球型大企业。摸索出增加音乐或游戏销售的方法，找出开发应用程序来挣钱的方法，这些都与重塑企业价值链类似。商业模式一直在变化，要想让想法和创意变成现实就需要数字技术。大家如果在日常生活中经常做思考更优方式的练习，会不自觉地具备企业家的能力。

供应商和客户管理

我们在前面了解了让企业价值链更高效的方法。实际上，企业不能依靠自己完成全部活动，企业自己做不好的部分需要委托给其他公司，或者通过合作来完成。企业在研发技术和产品的过程中与原材料及配附件公司合作，制成成品以后需要和销售公司或者运输公司合作，有时也把售后维修交给其他公司来做。网络商品更是需要与设计公司、制造公司、仓储公司、快递公司合作，才能把产品送到消费者手中，有时还需要金融公司和信息安全公司的服务，偶尔还会有负责产品修理和售后服务的公司参与进来。单个企业无法解决所有问题，就算能做到所需成本也太高。

就像如果由家人和朋友来解决所有的问题，很可能是低效率的。知名品牌公司有时会把产品生产委托给其他公司，只收取品牌使用费，这种把公司业务交由其他公司处理的方式被称为业务外包（outsourcing）。现实中，企业之间相互提供产品和服务的情况很多。

当所有事物都迅速发展时，仅靠自身努力是难以应付的。就像有一家汽车配件公司出了问题，整辆汽车都会变得极其危险。现实中确实有曾经享誉世界的汽车公司因一个配件而蒙受巨大损失的案例。因此，需要共同努力来对配件公司进行有效管理，这样才能维持竞争力、保证企业收益。

把那些供应高品质原材料和配件的公司，像一张织网连接在一起，我们称为供应网（链）。企业利用信息通信技术可以对供应链进行管理，从而让创新和研发更快进行，一直到制成成品进入市场销售，都可以比其他公司做得更好。

我们举例来看一下。要想做一件时髦衣服，需要设计、纺织品公司、缝纫公司、销售公司、配送公司等像一个大型团队一样共同活动。此种情况下，需要所有公司利用信息通信技术连接在一起，相互信任，追求共同利益，才能实现多方共赢。同在供应链之内的企业之间有合作也有竞争，以团队形式开展活动。管

理这些供应公司之间的关系就是供应链管理（supply chain management，SCM）。

商业解决方案

工作方式的变化

企业利用电子（electronic）技术高效处理

业务（business），称为 e-business。那这样的技术越发达企业的效率就越高吗？在工作中使用计算机和互联网，并不能保证总是看到效果。计算机普及初期，很多企业在计算机上投入很大，但没有达到预期效果。甚至有人说这是"生产率悖论"（productivity paradox），投资了那么多成本，生产率反而降低了，"我们到处都看得见计算机，就是在生产率统计方面却看不见计算机"。家长为了让子女好好学习给他们购买电脑，但孩子们却沉迷于电脑游戏，这暂且可以叫作"成绩悖论"。那出现生产率悖论的原因是什么？

如果一个驾驶菜鸟开着最新型跑车，走在弯弯曲曲的乡间土路上，恐怕要比行人走得更慢。计算机和互联网也是一样的，延续着老旧的工作方式，连计算机使用都成问题的话，计算机反而会成为一种阻碍。企业需要对工作方式进行重新设计，并对员工开展职业教育，让他们能够最大限度地使用好计算机和互联网。对工作方式进行重新设计叫作工作再设计，就像是为了让汽车通行更顺畅而整修道路，进行驾驶培训一样，要达成的目的是一致的。

商业解决方案智能化

一个企业的价值链可以一分为三来看。我们假设这个企业叫"我家公司"，我家公司从各个原材料和配件供应商那里购买原材料和配件来生产产品，我家公司将制造的产品卖给其他公司以后，其他公司会把产品投放到市场上卖给消费者。

原材料供应公司　　我家公司　　购买产品的顾客

简易价值链

此时，企业会使用高效便捷的软件来处理业务，这就是"商业解决方案"，也称"企业解决方案"。就像我们做数学题需要把解题过程整理清楚一样，处理企业问题的时候也需要把软件应用到各业务过程中来解决商业问题，所以人们称之为"解法或解决方案"。

那些制作出商业解决方案来销售的企业，销售的不是单纯的软件，而是解决办法。但并不是购买了企业解决方案软件并安装以后就万事大吉了，需要请了解公司业务，熟知信息技术的顾问来帮忙。顾问是一份无论在哪个国家都能获得高薪且专业性很强的职业。

> **顾问**
> 针对企业经营上的技术性问题提供咨询的专家，给出建议，进行协助。

数字时代下，经济活动正在逐步数字化。股票可以通过互联网和智能手机来交易，买东西和付钱也变成了电子方式，使用手机等移动通信的商业往来也逐渐日常化。坐公共汽车或者火车的时候可以自动结算，高速公路通行费也会在车辆经过以后自动支付，图书馆智能借书，商店自动购物也开始日常化。

商业解决方案在经历了强调电子技术的 e-business 之后，最近使用的是 m-business 和智能商业方式，m-business 是利用无线技术让人们在移动（mobile）中也能处理业务，智能商业方式使用的是数字技术。数字经济中不使用有线和无线技术、智能技术的企业几乎不存在,所有企业的业务逐渐采用 e-business、m-business、智能商业方式。

协作与数字公民的集体智慧

协作的优点

万维网
集成了文字、影像、音频,像蛛网一样的通信网。

万维网(web)刚刚问世时,用户只能看不能写,随着进一步发展,所有人都可以上传信息。只能阅读的单向万维网是 Web 1.0,既能读又能写的双向互动万维网是 Web 2.0,反映了个人情况的个性化万维网是 Web 3.0。万维网在以后也会不断进化发展,现在人们通过万维网可以实现开放、参与、共享。

在万维网发展的同时，商业也在不断变化。广大民众作为消费者，可以在网上查看商品价格和设计，还能看到其他消费者的评价，选择自己喜欢的支付方式和配送条件以后，商品会在定好的日期送货上门。虽然消费者在网上购买的是一家企业的产品，但这家企业无法独自完成网上购物的全部过程。销售公司接到订单以后，需要确认自家仓库或者仓储公司有没有货，或者向生产企业订购，还要告知快递公司。付钱结算的过程和金融机构相关，与认证或安全公司也有关系。整个环节中任何一家公司没处理好业务都会导致交易失败，因此需要协作。就算是同一家公司内，各部门负责的业务各不相同，也同样需要协作。如果有业务需要处理时，某部门以"这不是我负责的"为由不予处理的话，交易同样无法实现。因此，要把整个交易过程设计得更加合理高效，明确各自需要负责的部分以及责任和义务，制定未做好本职工作时的惩罚制度。数字技术的发展不会让业务效率自动提高，效率提高需要大家进行协作。数字经济中所有人都和其他人紧密连接在一起，相互影响，无论是企业还是个人，乃至国家都需要协作能力。

我们买书时，买的不是纸张，买的是内容。内容让我们满足，或者给我们带来价值。市场就是一个交换价值的地方，企业在赋予产品和服务以价值之后，用他们来交换。换言之，产品和服务只是传递价值的一种手段。过去，市场的功能是商品交易，未来会转变为价值交易。无论是什么商品,都没必要直接购买,可以借来使用,这也是价值现象之一。

过去的市场中,创造价值的企业和消费价值的消费者是分割开的,但现在双方却连接在一起了。利用互联网和数字技术,企业和消费者可以共同开发设计产品,甚至一起给商品取名字。可以说,在数字经济中,价值的创造和交换过程已经深度融合在一起了,与企业和个人通力协作的企业才有竞争力。不仅如此,国家经济的成败也取决于跨国协作能力。数字化背景下,全球经济问题紧密连接在一起,各个国家如果不能共同协作,这些问题很难得到解决。

集体智慧？

数学上1+1=2，根据数学法则，两个人各自努力做出的成果之和，与两个人合作做出的成果是一样的。但在现实生活中，两个人合作往往比各自努力的结果要好。整体大于各部分之和的情况，称为"协同效应"。

解决问题或者提出创意时，很多人聚在一起共同努力往往会出现协同效应。利用数字技术，可以把每个人的智慧聚集在一起，创造出更好的成果。摄影师拍摄的照片要取什么名字，足球或者篮球队的队名怎么定，队伍吉祥物是什么，这些问题都需要大家集体来决定。电视台要邀请的歌手、要播放的歌曲需要听取观众的意见，电视选秀节目的结果也在观众参与下产生的。

我们除了自身积累智慧，通过与他人的合作和竞争也能增长智慧。通过合作和竞争，由集体创造出来的智慧叫作"集体智慧"。利用集体智慧，企业能制造出好的产品，政府能制定

第三章 数字经济中的个人、企业、政府 ◆ 95

出好的政策。在解决全球问题时更是需要世界各国人民的集体智慧。

要想创造出好的集体智慧，需要具备不同知识，与持不同观点的人协作。想法完全相同的人聚在一起，人数再多也只是数量差异，对集体智慧毫无助益。要让不同的人聚在一起才能互补。各自拥有不同领域的知识和信息的个人，跟全世界人民一起共享创意和知识。

利用数字技术的力量，可以和素未谋面的人共享知识，这种力量能让个人和企业的社会经济活动更加便利。在数字经济中，不仅竞争重要，与别人的合作同样重要。就算个人不聪明，只要集体是聪明的，也能比聪明的个人取得更好的成绩。

很多人聚在一起想要创造更好的社会，但

若只是免费获得信息和创意，从不给予的话，就无法维护健全的网络系统。很多人的意见或创意汇聚在一起，不会自然而然地成为好的信息。不需要付费的信息可能质量较低，或者信息已经陈旧过时，即使信息错了也不会有人对此负责。不对信息做出客观判断，那些错误信息就会四处游走，因此对信息和创意进行二次整理和重置就变得非常重要。

有人对信息和创意付费，才会有好的信息源源不断地出现。重要的创意或信息就像是一件商品，应当认可它们的价值。想让自发性集体智慧发挥出它的优点，就要培养具备数字公民意识和虚拟伦理意识的人才。

电子政府的作用

经济以市场为中心，企业和消费者在其中发挥着重要作用，而政府在维护市场秩序上的作用同样不容小觑。若只有企业和个人在变化，政府不做出改变的话，数字化很难出现社会效果。办理公司业务和个人业务，如果全部需要亲自去行政机构的话，人们会感到很不方便，企业也很难提高竞争力。他国企业不会进来，国内企业也会流失，因此政府要主动适应数字社会变革。

产品和服务通过线上交易时怎么收税？线上交易怎样保护消费者的权益？解决跨境电子商务中发生的税费和消费者权益保护问题，需要全世界的政府共同合作。

结果就是，政府要数字化转型以适应个人和企业的数字化。现在，需要的文件可以在网上申请，护照也可以申请网络办理，税费也能通过互联网来缴纳。个人和企业不用亲自去行政机关就能处理很多事情，这就是电子政务（e-government）。个人和企业致力于数字安全，政府致力于网络国防，才能创造出民众和企业都安全的国家。

数字世界中，个人的隐私和信息保护变得尤为重要。在互不相识的人之间交换信息、进行交易，信任和理解是必需的。如果企业在信息管理上出了差错，将产生非常大的损害。就像国家安全越来越重要一样，数字化程度越高，虚拟安全或者说数字安全也变得越来越重要。对网络恐怖主义和网络战争采取国家层面的应对措施是十分紧急的问题。

禁止非法下载和非法复制，对网络作品著作权的保护，都需要政府的努力，并且与数字经济的发展有直接关系。人们费尽心力制作的作品或者研究成果是脑力劳动产物，非法下载和复制无异于偷东西。他人的知识财产如果能被免费使用的话，所有人就都不会努力了，其结果就是没落为没有优秀作品的数字欠发达国家。个人、企业、政府，有任何一方未做好准备都无法利用好数字机会。尤其是在数字时代下，要想生活便捷、安全、富足，就需要打造符合智能信息社会的智能政府。

扩展知识

微笑曲线与专利、设计之战

人们很难预知哪些产品是可以挣钱的。新的产品和服务不断涌现，市

> **罗马俱乐部**
> 罗马俱乐部是1968年4月由欧洲的政界、经济界、学界主要人士聚集于意大利罗马结成的研究未来的国际团体。

场也在不断变化。数年前，诺基亚凭借手机产品一跃成为全球型大企业，索尼的随身听（walkman）曾让全世界的年轻人都为之疯狂。

但是，在国际经济中，产品卖得多并不意味着能创造高附加价值。制造某种产品进行消费的过程可以用价值链来表示，价值链中有的活动可创造较高的附加价值。通过当下产业的附加价值和价值活动，可以得出下图。曲线形状很像人的笑容，因此被称为"微笑曲线"（smiling curve）。

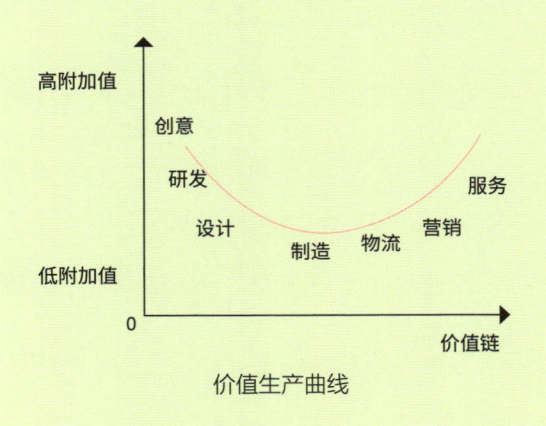

价值生产曲线

从图中可以看出，创意、研发、设计、服务可以创造高附加价值，制造商品环节相对来说可创造的附加价值较低。在不同的产业结构中，制造有可能成为附加价值最高的环节。但随着工业经济向数字经济转变，基于创新的创意、设计和研发，让人们生活更舒适的服务等创造高附加值的可能性越来越大。

三星和苹果公司在销售智能手机和平板电脑的过程中突然展开技术专利和设计之战，正是因为核心技术和设计能创造更多的附加价值。在各自构想的微笑曲线上找到能提高附加价值的领域和才能空间，也是设计未来的一种方法。

要不要跟我一起了解一下企业的新角色？

企业的基本角色是供应产品，管理产品生产、运输、到店销售的过程。

在这一过程中通过计算机和互联网来实现信息的快速处理。

要精确管理全盘供应链。

企业要倾听消费者的声音，做好产品企划，把握好消费者多样化的喜好。

什么？

公民要积累知识和信息，齐心协力创造出更优质的信息。

积累知识，加油！

为了优质信息！

集体智慧

政府

政府要尽全力对数字经济中可能发生的多种问题做好预防和应对。

政策

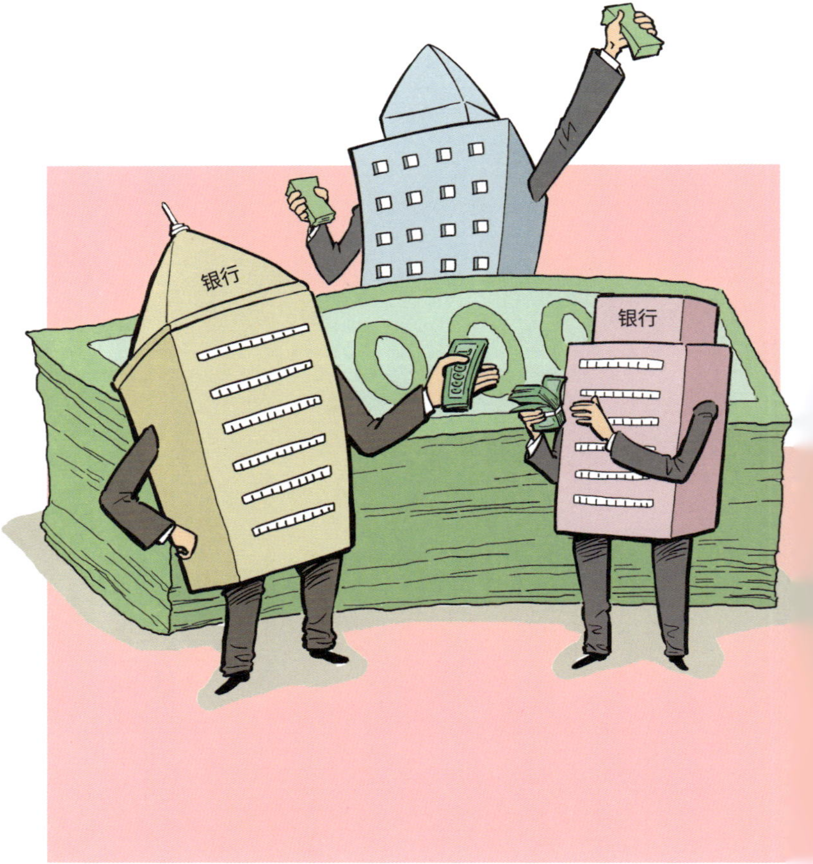
银行
银行

第四章

数字金融

在产品的交易过程中，人们会用到现金、支票、信用卡等，与此相关的服务属于"金融服务"。从现在开始，我们来了解一下进行金钱交易、资产管理的金融公司内部的数字金融。

家庭和企业的收入大于支出时会进行储蓄存款，支出大于收入时则需要借贷。有时候，马上需要用钱，但钱款却需要等很长时间才能收回来。换言之，收入和支出对等的情况很少，协调收入和支出的时间点更难。另一方面，需要钱的人和手里有钱的人即使遇到，也不会轻易进行金钱交易。因为，出借方要确保自己的本金和利息能收回来。虽然着急用钱的人承诺会支付高额利息，但这不代表出借方能成功收回借款，达成交易并非易事。借钱很难，而且要花费很多时间和精力，这时就需要一个金钱中介机构。我们自己管理金钱会遇到很多困难，需要一个中介机构来把我们攒的钱拿走，借给需要的人或公司，进行事业或股票投资。把储蓄金拿走借给需要的人或公司，或者用于投资等，让钱流通起来的就是金融机构。金融行业是典型的信息与知识刚需行业，以此来提高收益，降低风险，因此他们频繁使用数字技术。随着数字融合，曾经分为银行、证券、保险多个领域的金融产业也正在逐步融合。

信息通信技术和金融机构的发展

人们攒的钱可以通过多种方式进行保管。

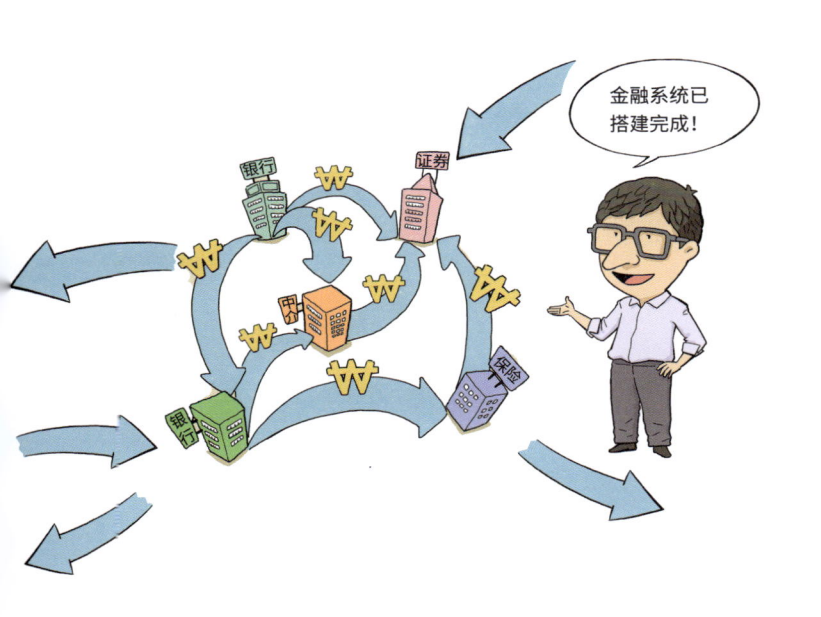

人们可以把钱换成黄金或美元等外汇，可以购买土地和大楼或者股票来投资，也可以存到银行进行储蓄。银行这一金融机构的作用，正是拿到储户的钱以后，把钱借给有需要的人。

人们在没有大笔款项的时候，可以在银行借钱买房，然后一点点地还钱。为了防止人们

第四章　数字金融

不还钱，银行需要安全防护措施。那就是，在还清贷款以前，借款方未经银行许可不能轻易出售房屋。从银行角度来看，付给储户储蓄利息，然后以更高的利息将钱借出去，借走钱的人有可能无力还款，因此需要进行风险管控。为了应对可能出现的无法还款的情况，通常要求借款方以土地或者房屋做担保，并对借款公司的盈利状况进行观察分析。

在众多的银行中，将储蓄款借给需求方以收取利息的是商业银行。直接对项目和股票等进行投资的是投资银行，还有把人们的钱集中起来代替他们去投资或者进行资产管理来挣钱的金融机构。

购买商品时，人们需要了解商品品质和价格信息以及相关知识。同理，对自有资产进行管理时也需要准确的信息和知识。不仅是购买房地产和股票，在买车或者买手机时人们也需要了解非常多的信息和知识。金融的核心能力，就是掌握信息、分析信息的能力。主营储蓄借贷业务的银行需要收集和分析信息，不能把钱借给有可能倒闭或者信用不良的公司或个人。

进行股票投资的证券公司和保险公司的成败，同样取决于他们能否利用好信息和知识。银行、证券、保险等所有金融产业，是典型的集中使用信息和知识的产业。因此，金融产业广泛地应用处理和传达信息与知识的数字技术，也是理所当然的。尤其是，金融产业是由计算机和信息通信网络搭建起来的，人们去银行或证券公司的话，能看到到处都有信息系统,这是全世界的普遍趋势。

信息通信技术极大提高了收集和处理信息的速度,提升了信息分析能力。无论何时何地,都能实现国际汇款和证券交易。可以用来坐地铁或公交车的交通卡也是得益于信息技术发展才实现的。用智能手机购买商品、下载游戏、在饭店和电影院支付等,也是依靠银行数字化才实现的。

如果没有计算机和互联网,在金融机构借款、取钱需要花费非常多的时间成本,生活也会非常不便。随着计算机进入金融行业,可以实现多人接收信息,处理业务也更加便捷。过去无法高效利用起来的资金,如今能用到需要的地方,经济也因此得以发展。金融机构在其中承担了将金融资源进行高效分配的角色。此类金融也逐渐超越国境，发展为跨境金融。在这样的时代下，要想成为世界级的金融机构，需要具备掌握和分析世界各地信息的能力。换言之，银行使用的信息技术全部达到世界级数字水平，才可能成为世界级银行。

证券公司和股票市场

企业需要钱的时候怎么办呢？可以在银行贷款、可以发行债券，还可以发行股票来筹措资金。前两种方式是公司借钱，股票则是让投资人投资自己的公司。因此，通过贷款和债券筹到的钱需要偿还，股票筹措的资金则没有偿还义务。但是，企业家需要把公司经营好，让买了股票的人有收益。

债券
债券是企业为筹集资金，按照法定程序发行并向债权人承诺在一定期限还本付息的有价证券。

第四章　数字金融　115

股票是把公司所有权进行分割的凭证。举例来说，一家市值100亿韩元的公司发行了100份股票，那一份股票的价值就是1亿韩元。此时，若公司市值上升到200亿韩元，那每份股票的价值就是2亿韩元。花1亿韩元买的股票，在公司市值上涨以后就能产生收益。就像买了不动产以后，不动产升值就可以挣钱的道理一样。发行股票，进行股票交易的市场就是股票市场，也是证券市场，那些帮助公司发行和交易股票来挣钱的公司就是证券公司。

证券公司利用计算机和互联网，可以迅速地把企业信息和企业股票价格告知股民，股民有想买的股票可以联系证券公司进行购买，也可以不通过证券公司，直接买卖。随着互联网的出现，就像企业和消费者之间的中介公司变少一样,金融产业中负责中间交易的公司也少了很多业务。为此,证券公司也开始强化信息和知识。

保险产业数字化

如果突然之间生了大病,没办法工作还需要花钱看病的话,大部分人都会有经济上的困难。个人的储蓄难以应对大的风险,大家都拿出自己的一点儿钱凑在一起,帮助遭遇事故的人的话,也能渡过危机。那些出钱的人当中,会有人觉得没有遭遇事故的人把自己的钱浪费了,但这笔钱是用来消除可能遇到的风险的。公司也会准备应急储备金,但发生了预料之外的损失依然可能破产。其他公司若能拿出一点钱凑在一起,对遭受损失的公司来说也是莫大的帮助。没有遭受损失的公司也可能觉得浪费了钱，但这是对可能发生的破产危机的一种应对方式。

应对单凭个人储蓄无法解决的大难题，方法之一就是保险。向可能遭受损失的投保人收取一定的保费，并向遭受损失的投保人进行保险金赔偿，这就是保险。保险是人类为了管理风险而付出努力的结果，是一项伟大的发明。近年来，不仅有健康保险、汽车保险、旅行保险，甚至出现了智能手机遗失险，运动明星和艺人对特定身体部位投的保险等。

保险产业的核心，是准确计算危险发生的概率以及危险可能引发的损失。投保人支付的保费和理赔时支付的保险金的核算，也都是建立在对无数信息的收集和分析基础之上的。因此，保险也是集中使用信息和知识的产业，数字技术对他们来说是必不可少的。

数字技术给保险产业带来了诸多变化。过去，为了让更多的人来投保，保险公司会挨家挨户地推销，而如今大众可以通过网络自行购买保险。可以自己计算保险金是多少，发生事故时可以当场进行网络申报处理，保险公司还能利用信息技术统计来开发新的保险产品。数字技术改变了保险公司的工作方式，除了保险产品开发，投保人还能自己在网上购买保险，领取保险金也更加方便。就像现在银行可以售卖保险一样，未来保险公司也可能推出银行业务，成为依靠信息和知识来竞争的服务产业。

以后，银行、证券、保险等金融产业间的区分将越来越模糊，融合度会越来越高，具备金融行业所需的收集和分析多样化信息的能力后,自然会走向这一结果。银行销售保险已经很常见,人们将表示银行的"Bank"和表示保险的"Assurance"结合起来,组成了合成词"银保合作"(Bancassurance)。证券公司和保险公司利用顾客信息和金融信息,可以进入原本由银行独占的业务,其结果就是金融业务界限模糊,金融机构间的竞争更加激烈。

金融领域同样迫切地需要创意性,来开发出符合当下生活方式的产品和服务。

国际金融和金融风险国际化

还未数字化的经济中,某一区域或某一产业的经济问题,对其他经济产生的影响并不大。但在数字化经济中,金融市场紧密连接在一起，风险会更快速、更复杂地波及全世界。经济发展越来越复杂，越来越全球化，风险也随之复杂起来，其大小和传播速度都与以往不同。

在美国，住宅金融公司把钱借给低收入人群买房，经济形势恶化后，无法还款的人瞬间暴增，最终演变为全球金融危机，这是真实的案例。当然，金融机构使用数字技术并不是引发金融危机的直接原因，但这却让风险因素更快地向全球传播出去。

我们一起来了解一下国际金融市场吧。想要买外国的商品就需要那个国家的钱。外国的钱是需要与本国货币汇兑的，所以称为外汇。美元、欧元这种可用于国际结算的，称为国际货币。直接在市场中进行外汇交易非常不方便，费用也非常贵，因此银行会提前购入一些外汇，卖给需要的人，起到中间商的作用。这时，外国货币与本国货币的兑换比率称为汇率，表示货币的价格。汇率是依照预计购入金额和预计卖出金额，由外汇市场决定的。外汇交易、借入、借出构成了国际金融市场。互联网产生后，国际金融市场效率有了极大提升。

全世界的数字金融市场连接在一起，更加高效之后，问题也随之而来。哪怕能产生一点收益，也会引来资本聚集，出现一点危机苗头，资本就纷纷撤退出去。这种投机行为本身就是经济不安定因素。最近有意见指出，为了减少这样的问题，应该对外国资本的频繁短期流动征税。

我们不会和不认识的人或者不相信的人、

没有信用的人进行交易。有信用且信息透明，才会考虑借钱给他。金融机构和公司，当然也会在金融市场透明可信时进行交易。金融市场对风险和信任反应敏感。

> 随着国内外经济环境的迅速发展，要确保企业经营的透明度，让本国经济保持良好的可信性，让外国投资更加活跃，让企业财务更加健全。

金融衍生产品
为规避外汇、债券、股票等基础资产价值变动引发的风险而开发出的金融产品。

也正因如此，所有的国家对金融市场实行严格监管，尽量做到交易透明。国家完善法律制度，让监管更加严格，金融机构使用符合国际标准的信息系统，这些都有助于获取国际信任。即，获取国际信任的重要方法，是建立透明且可信的用于信息管理和业务处理的数字系统。金融衍生产品的开发速度，已经大大超过了政府和民众的理解范畴，范围越来越广，金融产品的风险也随之走向世界各地。因此，只有让金融机构的经营更加透明，符合国家标准，才能让外国人在本国投资，让金融产业获得进一步发展。

如果想在金融公司工作，需要具备多样化的信息和知识，对数字技术有很深的理解。国

际金融领域数字化人才辈出，才能发展起世界级金融企业。制造产品来发展经济固然重要，但能聚集起金融专家和金融企业的话，好的工作岗位、海量信息，世界级大企业也会随之而来。拥有优秀的人才和企业会带来更多的机遇，会吸引更优秀的人才和企业。为此，我们要提高对与金融国际化和风险管理息息相关的数字金融的理解。

不仅是银行，进行股票投资的证券公司和保险公司也需要信息和知识。

信息　知识

金融产业最有利的竞争工具就是数字技术。

数字技术

证券市场中布满了各种信息系统。

难道是计算机公司？

信息通信技术极大地提高了信息收集、处理、分析能力和传播速度。

信息通信
分析　处理　使用　收集

随时随地可交易，人们使用一张卡就能乘坐地铁、公交车，这些都属于数字金融现象。

使用智能手机购物、网上购买电影票等也都有赖于数字金融的发展。

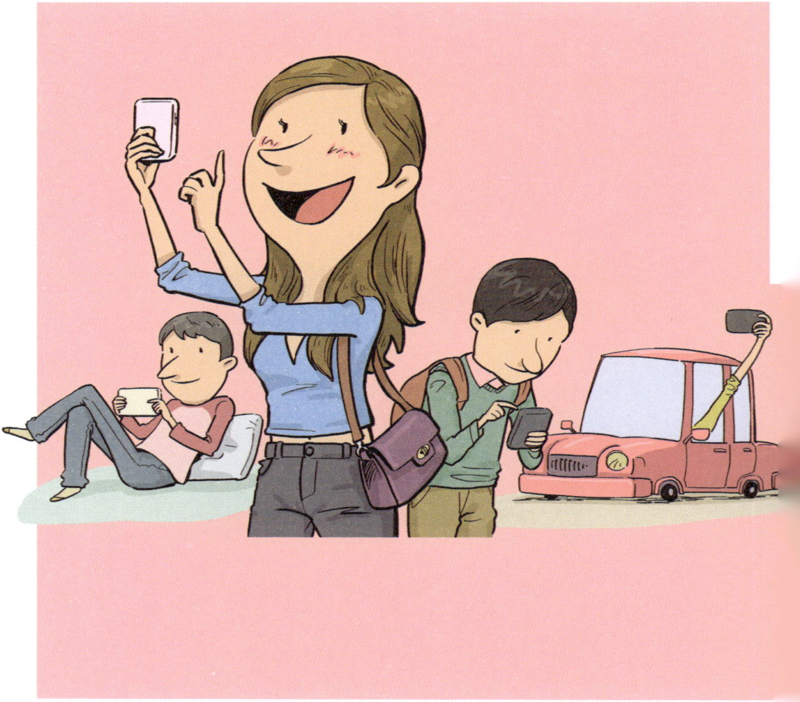

第五章

数字经济的未来和准备

人们很难预测数字经济的未来样态,在理解和适应新环境的同时,要对未来做好准备。为了创造更好的世界、更好的未来,人们需要创造性地革新。这是民众、企业、国家应当具备的重要能力。

数字经济的演变

以后,数字经济的演变会发生在日常生活、企业、政府的所有领域。事关人类生存的粮食和能源问题,生命和健康领域的必要革新,这些逐渐融合在一起,未来会超乎我们的想象。公司不再需要提前把产品生产出来等着卖,只需要按照人们的需求定量生产。大脑科学和信息支术结合,人们的想法和需求会被自动识别出来,这样的科学幻想在未来会成为现实。

当下，发挥自身才能获得成功的条件也发生了变化。过去人们想要成为明星，必须通过经纪公司和电视台来实现，现在有很多把自己的才能展现给大众的途径。在边远小城卖钟表的人，去参加网络平台的一场音乐比赛，可能一夜之间就成了明星。一款游戏或软件，随时有可能成为人气产品。但是无论技术如何发展，人们所经历的变化并不是单纯依靠技术革新实现的。在技术应用的过程中，人们的工作方式和思考方式不断发生适应性变化。单凭计算机和智能手机，经济和社会很难实现发展，需要所有领域共同变化。

为民众提供好的就业机会，提高他们的收入，将物价保持在稳定水平，让民众生活安稳才能称得上是好经济。因此，政府把振兴经济、促进就业、稳定物价当作最主要的经济政策目标。要想增加就业岗位,需要消费者多消费,企业加大投资,或者政府扩大支出。而消费和投资增加的话,价格就会上升。企

威廉·菲利普斯

业加大投资会需要更多的员工,人员短缺会导致工资上涨。原材料和工资上涨会引发产品生产成本升高,进而导致产品价格升高,市场中物价水平持续升高被称为"通货膨胀"。

威廉·菲利普斯(William Phillips)提出,经济持续增长会减少失业,但会导致物价上升通货膨胀。以他的名字命名,用来表示失业和通货膨胀之间交替关系的曲线是菲利普斯

菲利普斯曲线

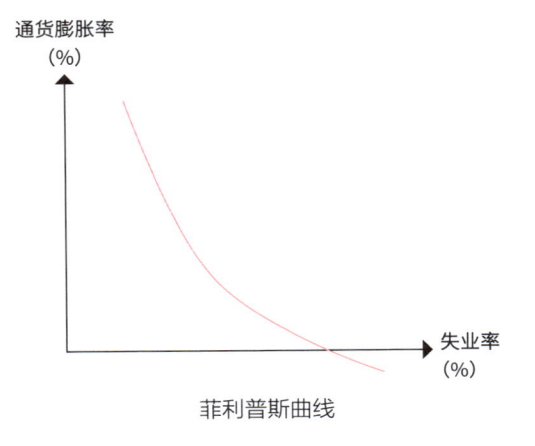

曲线。

数字技术出现后,人们的工作效率提升了,生产量提高以后,生产成本降低了,价格也随之降低。与过去不同,如果经济不断增长,但物价不上升的话,失业和通货膨胀的关系有可能发生转变。也就是增加了很多就业岗位来降低失业率,但物价不会大幅上涨。

随着企业利用数字技术实现了自动化,需要的工作岗位减少了,这种现象叫作"零就业经济增长"。在这样的数字经济形势下,多一些微软、苹果、谷歌、脸书这样的公司,工作岗位才会持续增加。数字经济中不断创新的企业和国家的经济取得了发展,一成不变且缺乏创新能力的话,不仅不会实现经济增长,还会丢掉许多工作岗位。具备知识与创意的个人、企业、国家,在数字经济中实现了繁荣,并且不能实现发展的话就会后退。强者愈强、弱者愈弱的两极化格局,是数字经济代表现象之一。数字经济经历了创造性的破坏过程后,需要具备向智能经济、知识经济、创意经济自行转变的能力。

创造性破坏和巧实力

20世纪初,哈佛大学经济学教授约瑟夫·熊彼特(Joseph Schumpeter)提出了企业家的"创造性破坏"理论(creative destruction)。为了创造新的事物,要果敢地破坏现在的产品、想法、工作方式,也就是引起变革。通过这一过程,企业能在市场中盈利,社会也会变得更加富足。

开办新企业时,不应当仅把目光停留在开发新产品上,就算是产品相同,能研究出低成本制造的新方法也属于创造性破坏。老人的经验很有可能符合以前和当下的情况,

> 随着互联网普及,消费者购买产品的途径变得更加多样化,消费者对产品生产过程影响也更大了。这就意味着,如果企业的产品和服务不能反映消费者的需求,企业将很难在竞争中存活下去。

但作为未来生力军的青少年，随着对现状理解的加深，应当思考出新的方法。这样的心态不仅能让个人更加富足，也能为社会和经济发展作出贡献。

数字时代以前，企业以低生产成本制造出好的产品和服务，并且迅速推向市场是重中之重。但在未来，构思新创意并将其实现的能力将变得尤为重要。因为，制造能力是可以被其他企业轻松模仿和超越的。过去，大批量生产非常重要。而当下，哪怕是小批量，若不能满足消费者的喜好，也会成为滞销产品。所以，企业会选择让消费者参与生产过程，或者以新的方式来开展业务。

我们来看一下通过新的业务方式取得成功的案例。乔布斯掌管苹果公司时，通过 iTunes

音乐购买服务给音乐市场带来了很大的变化。在那之前，免费下载网站导致线上音乐市场无法盈利，苹果推出便携式音乐播放器 iPod 后，用户在 iTunes 购买音乐后可以同步下载，结果就是 iTunes 在线上达成了非常可观的收益。

过去的电子产品企业，在生产低价、外观漂亮、性能好的产品上花费了很多心血，并未注重产品中使用的音乐软件和其他内容项目。内容公司的关注点则在制作和销售音乐及电影上，没有想到把内容和产品联系起来创收。但苹果公司认识到内容和终端之间有很深的联系，通过线上音乐商店把本公司的产品连接在一起。可以说开发出了挣钱的商业模式，或者说具有创意性的商业模型。苹果公司的 iPhone、iPad、iCloud 将同样的思维模式进一步发展起来。以前的手机公司只制造手机，对手机软件并无兴趣。但苹果公司把 iPhone 和手机运行软件捆绑在一起，还开放了苹果应用程序商店（App Store），任何人都可以根据苹果公司制定的规则和标准开发应用软件。全世界最具创造力的人们把自己开发的应用软件上传到应用程序商店销售，苹果和应用软件开发人员在软件销售时共享收益。就像开百货商店时，不是由公司出面盖高楼定商品，而是只提供便利的设施和服务，任何人都可以进来开店。当下，企业如果不能提供消费者喜爱的、有独特看点的内容产品的话，仅凭提供高性能的手机设备的话，很难引起消费者的兴趣。企业凭借自身创意，开发出独创且有价值的软件、内容、服务，变得尤为重要。

借助于数字经济的平台，不管是谁，只要有好的创意就能赚钱。企业聚集在那些拥有良好的互联网和数字技术的国家，也给那里的人们带来了工作机会。

在这样的时代环境下，哪怕你的其他条件

产品研发要更有创意性！设计也不能马虎。

非常优秀，没有信息技术知识、不会使用数字技术也无法过上优质生活。机会增加和人们轻易能抓住机会是不一样的，机会是面向所有人的，竞争反而会更加激烈。

个人、企业、国家都需要用知识和信息来武装自己，用合作来弥补不足，强化协作能力。非洲有句谚语"一个人可以走得很快，但无法走远。只有一群人才能走得更远"。数字技术的发展让人们不但能走得快，而且能走得远。数字技术的核心就是让人们能迅速准确地掌握这些条件的创造性力量。不仅是民众个人，企业和政府也需要积蓄力量。

随着生活越来越富足，数字化程度越来越高，人们在游戏和音乐一类的内容产品上，还有兴趣和健康问题上的支出大幅增加。企业要推出更有趣,更有益的产品、服务、内容。制作这样的内容和产品时,与有创意的人共同协作比单打独斗更有利。

以后,生产新内容的方法、向消费者传递新内容的方法都将比当下更加便利。民众、企业、国家要具备与新数字经济相匹配的力量。从民众角度来看,想要进行国际活动,需要具备使用英语或其他语言的能力,还需要具备数字技术能力,持续拓展包括经济和经营相关知识在内的力量。

企业和政府应当对个人予以支持,让他们能够发挥创意,相互协作,把个人知识按照体系进行积累和管理也同样重要。让负责某项业务的人,即使遇到突发事件,也能有组织性地处理好。政府也要成为开放式组织,让民众和企业能参与协作。所有这一切的基础，是具备终身学习的意志和态度，我们也可以称之为终身学习力量。个人、企业、政府都具备终身学习力量，是应对未来变化的最切实的方法。

过去的国家竞争力主要体现在基于科学和技术的竞争力，或者军事实力。这些实力是实际且具体的，通常用强硬来形容，被称为"硬实力"（hard power）。当下时代，个人要想具备竞争力，不仅要身体健康，知识渊博，还要在姿态和谈吐上展现出魅力。那样求职更容易，能吸引更多周围的人，好的想法也要分享才能展现出力量。得体的礼仪、温和的语气和态度等，被称为软实力或者巧实力。

享受文化生活，懂得创作，关注环境和能源问题，思考人类福祉问题，并且积极作出贡献的个人越多，国家就越有魅力。除了经济和军事实力，国家越有魅力，企业和国家才越有力量。那些掌握了知识和信息，拥抱创造性的生活和文化的企业和国家，在将来必定能引领世界发展。人们要积极利用数字能力，培养巧实力。

数字鸿沟和福利

社会的组成人员是非常多样化的，有富人和穷人，有受过高等教育的人和教育水平较低的人，有健康的人和生病的人，有男人和女人，有年轻人和老年人。而在数字社会中，除了上述分类，会使用数字技术来获取信息和知识的人与不懂数字技术的人之间的差距也越来越大。这样的差异既发生在国家内部，也

发生在国与国之间。假设各位完全不会使用互联网和智能手机，就能理解其中差异了。熟练使用数字技术的人和不懂数字技术

> 走在信息化前列的国家与信息产业基础落后的国家之间，收入差距正在逐步扩大。这种现象不仅存在于国家之间，同样存在于同一个国家的内部，不同阶层、不同地区在信息和知识领域的差距逐渐加大。

的人之间的差距，被称为"数字鸿沟"（digital divide）。这一差距存在于企业之间，也存在于国家之间。

计算机刚刚出现时，数字差距出现在有计算机和没有计算机的人之间。在大部分人拥有了计算机、互联网普及以后，能通过互联网获取信息的人和做不到的人之间产生了差距。当下，使用智能手机和不使用智能手机的人之间的差距也会越来越大。当然，能制作优秀软件和内容的国家与不具备这种能力的国家之间的

差距也会越来越明显。

如果任由数字鸿沟发展，最终将演变成教育、收入、地区之间的巨大差异。未来，大家要熟练掌握数字技术。国家要构建好互联网和无线通信基础，实行更具创意的教育制度，让人们能用好数字技术。除此之外，要激发出人们的潜力，让工作更具创意，吸引世界各地的优秀人才和企业，让个人、企业、国家都能富足优裕。

数字劳动市场

世界通过数字连接在一起，企业摆脱了地域的限制，能够更容易地接触到世界各地的优秀人才，解决复杂问题时能获得远程协助。罕见病专家利用数字通信和数字医疗技术，可以为偏远地区的患者进行治疗。太空中的人造卫星出现故障时，人们可以通过远程操控来解决。

这些现象对个人工作岗位也有影响。过去，音乐无法线上销售，他国知名歌手的歌曲都是通过进口 CD 引进来的。当下，人们可以直接在网上下载音乐，音像店已经渐渐淡出人们的视野。过去出租 DVD 的商店也在慢慢消失，是一样的道理。

无论是国际市场还是国内市场，有因数字技术而没落的产业，也有新生产业出现。而在这些行业工作的人，有的人失去了工作，有的人能在新出现的工作岗位上工作。数字经济改变了人们的工作样态，也可以说是改变了劳动市场的版图。

> 依托信息通信技术的发展，生产要素的国际性流动增加，一个国家很难维持自我封锁型的经济体制。世界经济的融合正在逐步扩大。

过去不管人们喜不喜欢，都要在国内购买产品和服务。但在全球化时代，能轻易进口外国产品，消费者还可以进行比较购买。全球数字时代中，品质不好且价格昂贵的产品，很难因为是本国产品这一理由销售出去。缺乏国际竞争力，公司只能倒闭，公司倒闭又会让一些人失去工作。同样，有竞争力的公司越多，工作岗位就会增加，公司竞争力下降，工作岗位也会随之减少。工作岗位的流动已经超越了国家界限。数字经济中，工作岗位变动更容易，国际性的劳动流通也增多了。

不仅是公司的岗位，优秀的科学家、世界级明星、专业运动员、工厂工人、医生护士等的流动也增多了。各个国家和地区随时都能找到其他国家和地区的优秀人才。以后，人们一生会更换很多次工作岗位，工作内容会不断变化，生活也可能往返于不同的国家。因此，人们要具备外语能力、对多种文化的理解能力、使用新技术的能力等。人工智能武装起来的机器人或机械自动化有可能抢占人类的工作岗位，从事开发新技术和适用新技术的工作，或者具备机器人不具备的力量，这是个人想要生活更好的条件，也是公司和国家的发展条件。

智能经济和智能社会

许多经济学家对经济增长中的要素进行了研究。没有资本很难开展事业，国家经济也是一样的。如果石油和地下资源丰富，可以把这些资源卖掉积累资本，用来进行事业投资。过去的经济学者认为，自然资源、资本、劳动力是经济增长的主要影响因素。但也有理论认为，通过积极出口积累资本，通过持续投资来克服环境不足，也是能实现经济增长的。韩国就是这样，也是20世纪经济增长比较耀眼的国家之一。

人们仅靠努力工作、投资资本，其作用是有限的。仅凭努力，无论是学习还是运动，人们都很难做到世界最高水平，人们还需要科学且有创意地学习和训练。经济也同样，仅凭努力和投资是无法保证持续增长的。如果没有创新的工作方式和技术研发，企业和国家经济都只能原地踏步。理论上，要想实现经济持续发展，需要聪明的人，也需要科学技术。就算自然条件不好，资本不充足，但人们有丰富的知识，也可以发展经济。用丰富的知识来发展科学技术，发挥创造能力，开发出新的产品和服务的话，不管多少资本都能借用过来，这就是如今的现状。

民众和企业要想进入市场，需要知道哪些事情有价值，而价格可以体现价值。企业参照市场价格进行生产，消费者根据价格决定是否购买。最具效率的市场，能够将产品卖给最需要的人，需要的人能以高价购买产品。需要产品的人多了，但产品供应不足的话价格就会上涨。相反，想买的人少了，价格就会下降。市场价格根据供需关系变化，市场效率更高，更加智能。

利用数字技术，企业可以更轻松地了解供

需关系变化,消费者和企业能更轻松地获悉产品价格和品质信息。数字技术还能让消费者和企业间的信息交换更加便利,让企业能够以较低成本生产出消费者需要的产品。

以线上交易二手产品为例,人们想把自己不需要的东西卖掉,起码要知道市场在哪里,价格定多少,如果无法获知这些信息,这些东西就会被扔掉或者闲置在仓库里,这也是一种资源浪费。现在,可以通过互联网把这些东西卖给需要的人。对买卖双方都是有益的,物品被重复利用起来对社会也有好处,这在全球市场中也是一样的。消费者和企业都能有收益,市场能减少浪费。最终,市场和经济将更加智能。

最近,世界市场大环境向智能化方向发展。国际交易中的石油、天然气、谷物等根据市场情况及时进行价格调控，各地的企业收集、分析各种的信息，参与到交易中。为了确保世界市场交易更有效率，数字技术发挥着十分重要的作用。在这一过程中，若互联网和信息通信系统出现问题，将引发非常大的混乱和浪费。

使用了数字技术的产品逐渐成为智能产品。楼宇、电子产品和机器、公路、铁路、电力系统、学校和企业都逐渐智能化。甚至海水的温度、洋流移动、地面温湿度都能利用数字技术实时监测。植物缺水的话自动人工降雨，空气干燥的话自动调节湿度。

如果人工智能、数字技术、大脑科学等结合在一起的话，人们就能提前掌握地震和台风信息。社会需要的是人们永不停歇的思考和挑战精神、好奇心、冒险精神，需要那些志在探索消费者需求来盈利的企业，需要研发人员的力量和智慧。

人们学习外语，使用互联网和智能手机，是为了抓住机会，获取信息。企业仅靠参与国际市场是无法挣钱的，生产那些谁都能做出来的商品也是徒劳，想要成功，就要创造出其他企业无法模仿的价值。因此，那些富有创意的内容产业变得越来越重要。数字内容产业发达的国家通常都是经济强国。音乐、电影、电视节目、游戏、自然纪录片等数不清的内容，都属于数字内容。数字内容制作包含软件、设计、演出、艺术等多个要素，内容和传播手段也非常多样，非常需要创造性人才。世界正逐步向智能经济和智能社会发展，是基于创新人才、创新企业、创新政府这些力量发展出来的。

数字时代，人们的选择更自由了，选择范围也更广了，但有时这些都是按照某些人提前写好的程序来运行的。表面上看起来，是我们自己自由地跟其他人建立关系进而行动，但实际是在网络特性下不自主地跟随既定环境做出的选择。有些信息看上去有趣又有用，但也有可能是在跟着别人的想法走。

现阶段，我们要自己创造环境和内容。在别人创造的环境中进行自由选择虽然重要，但更应该做的是让别人做出选择。年轻人应该站在前辈们的肩膀上，发挥想象力和热情，创造出更耀眼的成绩。如果以前人们是快步走在已经铺设好的道路上，那么当下应该自己来开拓道路了，这才是数字开拓者该做的。

有没有比这个更方便的计算工具?	计算机的出现是十分惊人的变化。	令人震惊的智能世界!

为了持续发展数字经济,人们要创造性地革新,以应对未来变化。

未来

数字经济

要为企业、个人、国家都能富足的数字经济做好准备。

如同贫富差距一样,计算机、互联网、智能手机加剧了数字鸿沟的产生。

请施舍我一点钱吧!

我需要智能手机。

劳动市场也因为数字经济变得更加便利。

智能世界,让更多的人拥有更多的机会。

结语

最可怕的竞争者……

新兴企业的共同特点之一，是具备开发数字产品和服务的能力。哪怕是现在的世界级大企业，如果不能利用好新的机遇，将受到创新型新兴企业的严重冲击，企业衰退就在顷刻之间。新的机会隐藏在对人类、自然、社会内含特征或需求变化的观察过程中。未来，人们很难凭借单纯的数字技术或创意获得成功，而需要将人文和科学知识、艺术和文化感知、生命工程、哲学、历史等所有领域融合在一起，具备为人类寻找价值的态度和能力，才能获得成功。

与人生一样，企业和国家经济也是没有目的地的旅程，需要不断前行。比尔·盖茨创办微软公司并风靡全球时有人问他："谁是最可怕的竞争者"，他说："是那些在某个狭小的仓库里，凭借着热情和创意努力工作，富有挑战精神的年轻人。"实际上，他说这句话时候，20多岁的拉里·佩奇（Larry Page）和谢尔盖·布林（Sergey Brin）正在仓库里奋斗。他们成功创立谷歌公司，成为互联网时代中数字经济的强者。之后，哈佛大学辍学生马克·扎克伯格（Mark Zuckerberg）创立脸书公司，在网络社会崭露头角。

如果还有其他成功要素的话,那就是搭档。不仅微软公司,还有苹果公司、谷歌公司、脸书公司等,在创立和成长过程中,其创始人都有性格互补、相互信任的搭档。无论自己如何努力,没有信任就无法与别人合作,最终难成大事。脸书这样的社交网络平台,利用数字技术,发展非常迅速。现在,不仅要制作有连接价值的内容,更要给他人想要连接的信任感。韩国在音乐、文化艺术、游戏等领域有很多极具创造力的年轻人,充满活力。让微软公司、谷歌公司、脸书公司害怕的挑战者在韩国出现的可能性很大。

经营一家企业,一定会经历成功和失败,数字时代下企业的兴衰周期变短了。数字时代下,大型公司也可能瞬间倒下,小微公司也可

结语 最可怕的竞争者…… ◆ 161

能瞬间成长为世界级大企业。企业能否利用好互联网和智能手机条件,影响着未来的成败。举例来说,阿尔法围棋(AlphaGo)这样的人工智能机器人,虽然智能,但不会对智能选择的理由进行说明。也正因如此,拥有好奇心和想象力的人类作用更加重要,他们能充分地使用人工智能,调节、说明人工智能的活动。各个领域中拥有较高水平的知识和信息,并且具有创造力的人才,以及富有挑战精神的青少年是未来社会的希望。超越界限,不畏挑战,把各种要素以不拘泥于常识的方式进行组合,这样的精神和努力影响着个人和国家的成败。